何でも話せる「第三の居場所」で子どもに安心感を

FM愛媛アナウンサー／マザーズコーチングスクール認定シニアマザーズティーチャー兼トレーナー／TCS認定コーチ

高橋真実子

コミュニケーションを学んだ「コーチ」がオンラインで30分間、小中学生の話をきく「たいわ室」。FM愛媛アナウンサーでありコーチの高橋真実子さんは、仕事のかたわら、日々画面越しに子どもたちと向き合っている。コーチたちは「アドバイスはしない」というルールを共有し、話をきいて受け止める「傾聴」の姿勢を貫く。感じてほしいのは「ここに居ていいんだ」と思える安心感という。「しゃべり」のプロが「きく」ことに懸ける想いを聞いた。

（取材／本誌　兼子智帆
写真／倉場義晴）

「そうなんだ。真実子さんが子どもの頃もそんなこと、あったなぁ！」

時には真剣に、時には楽しそうにパソコンの画面の向こうに話しかける。その姿はまるで、友達と雑談をしているようだ。明るく今日の出来事を話してくれる子、特技を披露してくれる子、悩みを打ち明けてくれる子……。「たいわ室」を訪れる子どもは様々だ。中には、黙々と読書をしたりビデオ機能をオフにしたりして、沈黙している子も。そんな子どもたちの話をきくコーチには共有しているルールがある。それは「アドバイスをしないこと」。自身や身近な人の似た体験談を話したりして、選択肢を示すが、善悪を勝手に判断して価値観を押し付けたり、過度に共感したりすることは絶対にしない。とことん画面越しの子どもの話をきいて受け止める「傾聴」の姿勢を大切にしている。

「話さなくてもいいんです。感じてほしいのは『自分はここに居ていいんだ』と思える安心感なので」

「きみのためだけにある30分。コーチはきみの話をなんでもきくよ」と呼びかける「たいわ室」。話をしても、しなくても、コーチは30分間必ず目の前にいて、どんなことでも受け入れてくれる。その安心感を与えるのが、「たいわ室」のスタイルなのだ。

「趣味のマンガの話をして、友達と話してるみたいだった！」とは利用者の小学6年生の女の子。友達でも親でも学校の先生でもない、何の利害関係もない第三者だからこそ、リラックスして話ができるという面もあるのかもしれない。保護者は同席しないことが原則だが、漏れ聞こえてくる我が子の声に驚く感想が多く寄せられた。高橋さんも我が子が「たいわ室」を利用した際は、生き生きとお絵描きを披露する姿に驚いたという。居場所があるという安心感は、子どもの知らない一面を引き出す効果もあるようだ。

- 「たいわ室」 https://taiwaroom.com/
- 「マザーズコーチングスクール」
  https://motherscoachingschool.com/

「たいわ室」は秘密厳守。利用したことや話した内容が外部に漏れることは絶対にありません（今回の撮影では高橋さんのお子さんにご協力いただきました）

高橋さんは、大学を卒業後、FMとやまに入局。アナウンサーは幼い頃からの夢だったという。小学生の頃、学校の先生に音読を褒められ、声に関わる仕事がしたいと思ったのがきっかけだった。憧れのアナウンサー。実際になってみるとギャップはあったが、幼い頃からの夢を叶えた充実感のある日々だった。その後、FM愛媛へと移り、出産後、3か月で復帰。慣れない育児と新しい環境での仕事の両立に限界を感じ始めていた頃、「マザーズコーチングスクール」に出会った。「しゃべり」のプロが「きく」ことの大切さを再認識したきっかけだったという。「マザーズコーチング」とは、親子のコミュニケーションを学ぶもので、子どもの自己肯定感などを育むことを目的としている。ここでコミュニケーションを学んだ9人のコーチで「たいわ室」を立ち上げた。

「コロナ禍で、心にまで"マスク"をしてしまう子どもが多いんですよね」

2020年5月、「コロナ禍で生徒とのコミュニケーションの機会が激減して困っている」という教師からの相談をコーチ仲間が受けたことをきっかけに「たいわ室」を立ち上げ、今年の夏、発足から2年を迎

利用者から寄せられる感想はコーチたちの励みに

えた。その理念が多くの共感を呼び、現在では30人以上のコーチが在籍している。約60の教育委員会や自治体の後援も受け、対話実施回数も1000回を超えた。コミュニケーションが枯渇する現代において、子どもが自分の居場所を確認できる貴重な場所だ。

「なんでも話せる『近所のおばちゃん』のような存在になりたいと思っています」

悩める子どもたちの受け皿として機能できるよう、NPO法人化も考え、コーチの人数も増やしていきたいと意気込む高橋さん。全国の子どもが"心のマスク"を外せるその日まで、奮闘は続く。

●たかはし・まみこ　FM愛媛アナウンサー。6月7日生まれ。愛媛生まれの大阪育ち。FMとやまで5年アナウンサーを経験したのち、愛媛に帰郷。現在、1男1女、2児の母。出演番組に「Fine」（毎週月曜日〜金曜日8：20〜10：54（月〜水曜日担当））、「＃ヒキダシRADIO」（毎週火曜日21：30〜21：50）、「車について聞いてみよう。」（毎週土曜日15：55〜16：00）などがある。2020年5月に「たいわ室」を立ち上げる。9人のコーチで始めたが、現在は、コーチは30人以上、対話実施回数1000回を超えるまでに成長した。

一体、冬はどこからやって来るのだろうか。きっと
光の差さない奥深く潜んでいるのだ。黒い静寂の中
で、生命のきらめきは眠りにつく。凍てつく寒さを
越え、生まれるきらめきは冬の分身。それは、やが
て大きく育ち解き放たれ、次の季節へのバトンとな
るだろう。そして冬はまた黒い静寂へ還っていく。

時空に遊ぶ
曼荼羅のいざない　Scene4 ◆ # 冬の分身

[画・文] **フミ スギタニ** (ペン画作家)
　2018年3月末、体を壊し退職。その後の人生を模索中にネットで偶然見かけた黒い紙にボールペンで描く曼荼羅アートに魅せられ自分でも描
くようになった。私は曼荼羅アートを描いていると何も見えない暗がりに光を見いだしていくような気持ちになる。光を求めて私はこれから
も描き続けていく。兵庫県を中心に個展やワークショップを開催し活動中。

Contents

Looking On-site──現場目線の人づくり

Spécial à la carte──想い癒されて心づくり

▶ カラーページ

特集

一人一人に届くきめ細やかな教育相談
──「メソッド」から「レシピ」への転換

　問題や児童生徒が年々多様化しており、一辺倒の方法論での教育相談では対応が難しくなっています。さらに、先の生徒指導提要の改訂では「チーム支援」や「未然防止・早期発見の重視」「発達支持的生徒指導」などのキーワードも打ち出されました。そこで、本特集では、生徒指導提要の改訂の内容も踏まえ、型ありきでなく、多様性を前提とした子供一人一人に届く教育相談の在り方・取り組み方について考えます。

生徒指導提要改訂を踏まえた
これからの教育相談の在り方

東京聖栄大学教授
有村久春

改訂版に学ぶ

このたびの『生徒指導提要』の改訂は、社会の進展に伴う子供の生態と課題に応じながらも、これまでの提要を大枠で受け継いでいる。すなわち生徒指導の位置を＜教育目標を達成する重要な機能＞と＜学習指導と並ぶ学校教育の重要な意義＞として意味付けている[1]。子供の＜豊かな学びと成長＞を保障する生徒指導にあって至極当然の理解であろう。一読して、ある種の安定と安心を覚える。

（1）生徒指導の価値

また、今日にある課題性を重視して「発達支持」「未然防止」「早期発見」「チーム支援」などの言葉を用いた生徒指導の構造を示している。そこには問題解決重視あるいは対応型のニオイも漂う。

いまの学校の状況と子供の生態そしてそれに関与する社会の環境には、何か事が起こる前に何とかしたい、問題があってはならないなど、ねばならない（must）思考が強い。危機管理の面から致し方ないのか。やや閉塞感が漂う。生徒指導の実際場面では、むしろこれでよい（good enough）の感覚を大切にする方向でありたい。ただ、そこには相応の

深い思索と高い倫理観が求められよう。

教育の普遍的な課題ともいえる陶冶と訓育を超えるところに生徒指導の価値がある。そこには二項対立または矛盾との葛藤も生じる。それを克服する努力も必然である。そこに有益に機能するエネルギーがカウンセリング（教育相談）の実際体験である。不一致にある自己に少しずつ一致する自己が重なっていく。そのプロセスと瞬間がここちよい。

（2）臨床的な学び

日々の教育課程の実施にあっては、系統性（顕在的カリキュラム）と機能性（潜在的カリキュラム）の調和が欠かせない。生徒指導・教育相談は、後者の役を果たす。ヒトの身体に例えれば、全身を流れる血液であり、系統性の強い学習指導は彼を形づくる骨格であろうか。子供の学びの事実にみられる＜できる＆できない、うれしい＆悲しい、やる気＆無気力＞などの情緒面に向き合う営みでもある。

私たち人間は、本来、本提要のその定義の一文にある「社会の中で自分らしく生きることができる存在」であることを欲する。それは、「素直なヒトの道」を自ら探し求めていこうとする証である。

例えば、その本文p89で言及している「バイオ・サイコ・ソシアル（Bio-Psycho-Social；BPS）モデル」にその示唆が得られよう。この理解には、精

神医学的な知見とその臨床研究の学びを要する。

　詳細は略すが、子供の存在をどうみるか？　の視点から納得感のある論である。ここには、単一的な教育論では片付かない事態がいまの子供たちの社会を包んでいることにあろう。子供のこころと生き方を脅かしている（BPSモデルの崩れ）。余談であるが、このモデルに自らを投影し、そのバランスのあり様を思索した一人が夏目漱石ではないか。彼はあの膨大な著作を描くことで、悩める自己の存在を問いつつ新たな社会的な位置を得たのではないだろうか。

生徒指導と教育相談の位置取り

　この双方の関連と位置をどのように考えるのか。

（1）若干の歴史的経緯

　例えば、昭和56年の『生徒指導の手引（改訂版）』[2]では、生徒指導には二つの側面（積極的な面と消極的な面）があるとする。教育相談はそれらに関与しながら、特に個別の指導を大切にする。生徒集団の全体を対象とする指導では解決できない場合が少なくないとしている。そこには、子供の人格のより良き発達を願いながらも、当時の多発していた問題行動（特に校内暴力や非行行為）への即時的な対応に追われていた苦悩もうかがえる。

　また、平成22年の『生徒指導提要』[3]では、生徒指導を四つのキーワード（人格の尊重・個性の伸長・社会的資質・行動力）でとらえる。生徒の自主的な判断や行動、自己を生かす能力の援助を重視する。この考えをもとに、教育相談は主に個に焦点を当て、面接や演習により内面の変容を図る。これらの実践化に向けて、発達心理や認知心理など知見に学ぶ重要性を指摘する。一方、生徒指導は主に集団に焦点を当て、行事や特別活動などの活動の成果や集団変容を目指す（特にいじめ問題や不登校対応など）。それぞれの相違点を示しながら、結果として双方とも個の変容に至ることを重視している。

　その後、周知のように平成29年の学習指導要領改訂[4]では、総則の第4にこれまでの＜生徒指導と教育相談＞の考え方を活かす記述がみられる。

　「主に集団の場面で必要な指導や援助を行うガイダンスと、個々の児童の多様な実態を踏まえ、一人一人が抱える課題に個別に対応した指導を行うカウンセリングの双方により、児童の発達を支援する」（小学校の記述：中高の場合も同様）の一文である。加えて、学年の特長を生かす指導の工夫や自己実現を図ること、児童理解を深め学習指導と関連付けて生徒指導の充実を図ることなどに触れている。

　そして、この度の提要の改訂。これまでの双方の対立点にもふれながら、教育相談には＜発達支持・課題予防・困難課題対応の機能＞がある、また＜悩みや問題を抱えた児童生徒を支援する働きかけ＞がある、と記している。この点が＜主体的・能動的な自己決定を支える働きかけ＞である生徒指導の考え方と重なり合うとする。そこに、子供個々への双方の＜包括的な支援が可能＞になるとしている。

（2）子供をど真ん中に

　このように、今回の改訂では社会に開かれた教育課程の意図（学習指導要領）をふまえ、「教育課程の内外を問わず、学校が提供する全ての教育活動の中で児童生徒の人格が尊重され……」と、ひろく社会全体に生徒指導の意義を問いかける。そのうえで、生徒指導の目的を「児童生徒一人一人の個性の発見とよさや可能性の伸長と社会的資質・能力の発達を支えると同時に、自己の幸福追求と社会に受け入れられる自己実現を支える」と記している。

　子供一人一人が自己のよさを生かすことと同様に、それが社会に認められることが自らの自己実現に資するとしている。いわんや、子供自らの幸福の

追求が社会に受け入れられること、そしてそのプロセスにあることが子供自身の自己実現を可能にすることを、次代に生きる子供たちに問いかけている。

人生100年時代を見据えた子供のキャリア形成に相応の期待感を寄せていよう（少子化時代の子供への暗黙の圧力か？）。社会に役立つ人的資本を考える局面で、その文章化に苦心したであろうと察する。生徒指導・教育相談は、ともに子供をど真ん中にする学び合いの営みである。それゆえ、大人の論理によるステレオタイプの見方や考え方は成り立たない。それをアウフヘーベンする方向を模索したい。

カウンセリング感覚の習得

日々の教育活動の実践では、この課題の克服が生徒指導の在り方を左右する。とりわけ、子供や保護者など（クライエント）と向き合う初期段階のかかわり方である。安心感のある応対で臨みたい。

このことが、クライエントのその場の居心地やその後の学習活動など、自己の在り方生き方を支えるエネルギーに資する。この営みに教育の論理や実際の教育相談のアプローチがどのように関与するのか、またそれを＜機能的＞とする枠組みをどのように構成するのかなど、「先生」の力量が問われよう。

子供個々が求める生徒指導は、そこにある同化や調節の発想よりも、むしろ分化や超越への挑戦を受け入れる事実であろう。それゆえ、BPSのモデルなどを基盤にして、先生が自らの指導のあり様を自らに問うことである。子供たちはそのデータに学ぶ臨床的マップを描く先生の挑戦を求めている。単なるガイダンス的な指導の優先では、立ち行かない。

例えば、子供一人一人の言動をよく見て、その記録をエビデンスに先生自身の手による学びのモデルを構築する。このマップの描き具合が、子供と向き

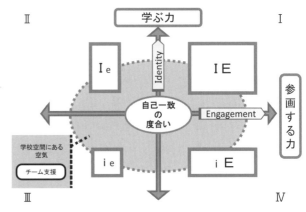

図1　自己存在と社会参画の相関

合うカガミとなるであろう。そこに子供と一緒に先生自身を映し出してみる。すなわち、子供も先生も「自らの学び」（Identity：専門性の確立）と他と「かかわり合う」（Engagement：社会的契約）作用にシンクロしながら、互いに学び合っていく関係性を深め拡げていくことである（**図1**）。

子供と先生は互いの学びと存在を認め合い、**図1**の第Ⅰ象限に位置する自己でありたいとする。日常的にこの位置にある子供と先生の学校生活は豊かで実りも多い。ただ、子供たちはその置かれた空間の空気を吸いながらも、ⅡやⅣ、ときとしてⅢ象限に自分が位置することがあるかもしれない。不意にそうせざるを得ない事態に置かれることもあろう。

今回の生徒指導提要は、それらⅡ・Ⅲ・Ⅳの象限など多様な事態への＜配慮と待ち＞の感覚を子供と先生に求めていると、前向きな期待をする。

ここにある子供と先生の学びの営みが、いまに求められている生徒指導・教育相談であろう。この理解とたゆまぬ研鑽が「先生」の仕事ではないか。

そこには、その先生が自ら獲得する先生としての確かな倫理が不可欠である。いわゆるノーブレスオブリージュ（noblesse oblige）＜位高ければ、徳高かるべし＞である。先生としての専門性たる高みであり、潜在的に先生の丹田にある純粋性ではないか。漱石が自ら得た「自己本位」そして「則天去

私」の立ち位置にも通じるであろう。

改めて「教育相談」への期待

本提要p87に、生徒指導と教育相談のある一面を示す記述がみられる。「……また、担任として集団に重点を置く規範的・指導的態度と個に重点を置く受容的・相談的態度とのバランスをとるのが難しいという声が聞かれる……」。二つの態度にどのように向き合うのか、その本質を問う一文である。

この＜難しさ＞に日々直面し、その時と場を愉しむところに子供と先生の学び合い（教育）がある。ここに働き方改革なる作用が連関し、この学びの悦びを縮小しているのであれば、生徒指導とりわけ教育相談のよさと可能性は損なわれるであろう。そこにある空気感は、先生の純粋性を曇らせる。

あえて「教育相談」を問えば、＜子供たちが生きるフィールドに子供と先生が安心してかかわり合い、ありのままの自分が居る営みと言えよう。

この用語は、昭和44年の学習指導要領改訂（中学校）ではじめて使われる（筆者調べ）[5]。その後、「カウンセリング（教育相談を含む）」や「教育相談活動」などの言い方で、各校種の学習指導要領及び本提要などの公的な文書にも登場している。

その意味は、カウンセリングを体系づけたカール・ロジャース（1902-1987）が彼の著書[6]の裏表紙にサインしてある＜The way to do is to be＞に象徴されよう。為すことは在ることである、自ら思うように生きる、あるがままに生きるなどと訳せよう。教育：educationは、引き出す：educeに由来する。まさに今日にある教育の原理である。彼のサインは、教育相談（カウンセリング）の真意を語っていよう。＜人は自らのこころに純粋であろうとし、自発的・能動的な生き方を希求する＞と。

とりわけ、子供は自らの能力を発揮したい、自らにある姿を見出してほしいとする存在である。先生の教育活動は、子供の本来のよさを尊重し、意欲的に学習する子供の生き方を援助する。そこにある子供と先生は、相互に学び合う存在である。

そこでのLearning＆teachingは、対（つい）だろうか。仏語のapprendre（学ぶ）は、「学ぶ」「教える」をあわせもつ。両者は絶対的な意味で対立し合わない。そして両者が同一の人間であることもあるという[7]。すなわち、子供と先生の＜学び＞がメタ化してこそ、教育活動本来の目的達成がみられる。

【注】
1 文部科学省『生徒指導提要』令和4年、p12の記述
2 文部省（当時）『生徒指導の手引（改訂版）』昭和56年、p101の記述
3 文部科学省『生徒指導提要』平成22年、p92の記述
4 文部科学省『学習指導要領』平成29年、第1章総則・第4の記述
5 「教育相談」について：昭和44年4月の中学校学習指導要領・第4章 特別活動（B学級指導）に「……個々の生徒に対する指導の徹底を図るためには、……、教育相談（進路相談を含む。）などを、計画的に実施することが望ましい……」として登場。平成10年には総則に「ガイダンス」が、平成29年には小中高の総則に「カウンセリング」も登場。同年の各校種の特別活動には「カウンセリング（教育相談を含む。）」とで示される。
6 カール・ロジャース著『カウンセリング（改訂版）』（ロジャース全集第2巻）岩崎学術出版社、1966年、裏表紙
7 オリヴィエ・ルブール著『学ぶとは何か』勁草書房、1984年、p1

Profile

ありむら・ひさはる　東京都教員、指導主事・主任指導主事等、1998年から昭和女子大学（講師・助教授・教授）、岐阜大学・大学院教授、帝京科学大学教授を経て現職。カウンセリングや生徒指導、人権教育、特別活動等に関する研究を行う。著書：『改訂三版 キーワードで学ぶ特別活動 生徒指導・教育相談』（金子書房）、執筆：『新教育ライブラリPremier』（ぎょうせい）、「連載：カウンセリング感覚で高める教師力」など。

問題予防・発見時における丁寧なアセスメント
ネットワークとフットワーク

こども教育宝仙大学教授
石川悦子

アセスメントは子どもの何気ない一言から

　体育の授業を終えて教室に戻る途中のＡさん。「先生、何だか身体がだるい。あとで保健室に行ってもいい？」と養護教諭に話しかけている。昨年までは活発な印象の生徒であったが、最近は遅刻が増え、朝からだるさを訴えて保健室で休養する日が増えている。身体に変調が起きているのか、あるいは、受験勉強や友人関係の悩みを抱えているのだろうか。このような子どもの何気ないことばを汲み取り、校内の教職員間で迅速に連携を図り、Ａさんの様子を理解しようとするチームワークが重要である。これが問題予防・発見時におけるアセスメントにつながる。

　学校という場は複数の教職員の目があり、多面的なアセスメントが可能な場と言える。そして、子どもたちの状況を明らかにしていくためには、保護者とのパートナーシップをいかに築いていけるかという点も大きなポイントとなる。一人一人の子どもへの対応については、生徒指導提要（案）（2022）にあるように、「指導や援助の在り方を教職員の価値観や信念から考えるのではなく、児童生徒理解（アセスメント）に基づいて考えること」が重要である。

問題の多様化・複雑化

　情報化社会の進展や国際化など子どもたちを取り巻く環境が複雑になるなか、児童生徒が抱える課題も多様化している。不登校、いじめ、暴力等のほか、発達障害や児童虐待、非行、自傷・自死、発達障害、ネットいじめ、性の問題、精神疾患、貧困やヤングケアラーの課題など多岐にわたる。

　とくに、2019年度末から始まったCOVID-19の世界的パンデミックによって、全国の学校で休校や遠隔授業などが実施され、子どもたちは在宅でも授業が受けられる経験をした。学校再開後もコロナ禍は長期化しており、学校や家庭における生活や環境が大きく変化し、文部科学省「児童生徒の問題行動・不登校等生徒指導上の諸課題に関する調査」（令和２年度、３年度）によれば、不登校や若者の自殺の増加など、子どもたちの心のあり様に大きな影響を与えていることがうかがえる。

　2020年春に中学校や高等学校に入学した生徒たちは、入学式も実施されないままに休校が続き、徐々に分散登校が始まったが、その後も黙食の継続や学校行事、部活動の中止や縮小が続いた。また、保護者が学校公開や保護者会に参加する機会も非常

に限られる状況にあり、保護者の中には「担任の先生と直接会って話す機会が限られており、他の保護者と知り合うきっかけもなく、子育ての悩みを誰に相談してよいのかわからないままに2年半が過ぎた。我が子は登校を嫌がる日もあって今後が心配でたまらない」と話す例もある。子どもだけでなく、大人の側もコロナ禍によって様々な影響を受け、そこから再出発するには大きなエネルギーが必要である。

生物─心理─社会モデル（BPSモデル）

子どもたちが抱える問題を理解するときに「生物（Bio）─心理（Psycho）─社会（Social）モデル」が役立つ。このBPSモデルは、1977年に米国の精神科医ジョージ.L.エンゲル（1913-1999）が提唱したモデルであり、人間を①生物的側面、②心理的側面、③社会的側面から統合的に捉えようとする枠組みである。たとえば、登校渋りがみられる子どもを理解するときに、次のような観点からアセスメントをする。

① <生物的> この子どもの健康状態はどうか。疾患や障害をもっている可能性はないか。
② <心理的> この子どもの心はどのような状態か。緊張や不安が高まっていたり、深い挫折を味わい自尊感情が低下していたりする背景はないだろうか。そのことを本人はどう捉えているのか。
③ <社会的> 家庭や学校の環境は、その子を支えられているだろうか。家族関係や友人関係においてトラブルを抱えていることはないか。学業面などで困っていることはないか。

このように見ていくと、登校渋りという1つの事象の背後に実は精神疾患が関係していたり、家族関係の急な変化により悩みを抱えていたり、児童虐待が潜んでいたり、あるいは、いじめの問題が背景に

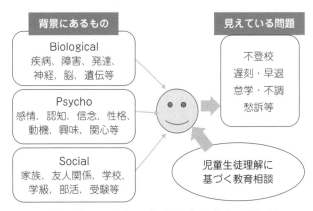

図1　生物－心理－社会モデルと教育相談（石川作成）

あるなど様々なことが立体的に見えきて、その後の対応や教職員間のチームワーク、外部機関との連携にも見通しが立つことが多い（**図1**）。

気づきの観点
日頃の関係づくりから

ある子どもの遅刻や欠席が増え、保健室の利用などが頻繁になった場合には、教員や保護者もその変調に気づきやすいが、実際には、子どもたちはぎりぎりまでがまんして日常生活を保ち登校している場合が多い。また、いじめの問題があっても、周囲の子どもたちから教師へ報告されることは少ない。したがって、子どもたちの問題や変調に気づくためには日頃から子どもとの関係づくりが重要である。

ある小学生の事例を紹介する。

同じクラスの児童BとCは、日頃からお互いに手が出ることも多く、言い争いをしては追いかけ合うような仲であった。しかし、ある時期から力関係に変化が見られ、BがCに一方的に殴られることが多くなっていた。Bは逃げてもいつもCに追いつかれて殴られたり蹴られたりするので怖くなっており、個人面談の折に保護者を通じて担任

教諭へそのことを伝えた。

　しかし、担任は「いつも仲良くじゃれ合ってますよ」と説明し、具体的な対応をすることはなかった。そのうちに、CのパンチがBの口に当たり出血するほどの怪我を負ったが、Bは上記の流れから担任には伝えず、ひたすら傷を隠して下校した。本件について、担任は、Bの保護者から電話で苦情を受けるまで気づくことはなかった。Bは、その後欠席が続いた。

　この事例のような事態にならないためには、教師は日頃から丁寧な関わりと観察を通じて、児童生徒の心身の変化を的確に把握するように努めることが不可欠と言える。また、保護者からの訴えを自分の価値観や観点でやり過ごすのではなく、真摯に受け止める感性が求められる。さらに、周囲の子どもが異変等に気づいたときには、そのことを担任へすぐに伝えに来るような学級風土づくりや教師への連絡ノートの導入などいくつかのツールを準備しておくことも肝要なことである。

　いじめ防止対策推進法成立（2013）以降、各学校はいじめアンケートの実施が義務付けられたが、実施後即座に記述内容を点検しないと、子どもたちからの訴えを見過ごしてしまう可能性がある。子どもの立場になってみれば「必死でアンケートに書いたのに先生は何も対応してくれなかった。話を聴こうともしなかった」と、教師と児童生徒との信頼関係にも影響しかねない。

　具体的には、以下のようなサインに気づいた場合には、何らかの問題が背後に隠れている可能性を想定して迅速に情報収集を含めた一人一人に届くきめ細やかなアセスメントを行い、保護者や他の教職員と連携しながら対応することが求められる。またその際に、対応記録を残すことも重要である。

●学業成績の変化（成績の急激な下降等）
●態度や言動面の変化（遅刻・早退が多くなる、保健室利用が増える、急に反抗的になる、忘れものが増える、付き合う友達が変わる、落ち着きのなさが目立つ、集中力の困難、怒りっぽい、顔色の優れなさ、おどおどした様子等）
●いじめの兆候（怪我、服や持ち物に汚れがある、文房具の紛失や損傷、金遣いが荒くなる等）
●身体に表れる変化（頭痛、腹痛、下痢、頻尿、原因不明の発熱等）

複雑な事例や困難事例

　生徒指導提要（案）に示されているように、生徒指導や教育相談にはいくつかの段階があり、日常的には全ての児童生徒を対象にする「発達支持的」な指導や支援の段階がある。また、それと並行した「課題未然防止教育」として、いじめ防止教育やSOSの出し方に関する教育、人間関係力を醸成するためのストレスマネジメント教育やアンガーマネジメント等を児童生徒の発達段階に合わせながら行うことが必要である。このような取組は、お互いの個性を尊重しサポーティブな学級や学校づくりを行うことにつながる。さらに、既述のアセスメントの観点により課題の予兆行動などが見られた場合には、深刻化しないようにスクールカウンセラー（SC）やスクールソーシャルワーカー（SSW）なども交えて対応策と役割分担を決め、迅速に援助活動を行うことが求められる。まさに、ネットワークとフットワークを生かしていきたいものである。

　その次に、「困難課題対応」と言われるような児童虐待や家庭内暴力、不登校の長期化、非行問題、発達障害による困難等については、教育支援セン

ター、児童家庭支援センター、児童相談所、警察、医療機関などとの連携を視野に入れて対応する必要がある。このような場合にはケース会議を開き、教育相談コーディネーターを中心に情報収集を行い、SCやSSWの専門性を生かしながら、教育、心理、医療、発達、福祉などの観点からアセスメントを行い、長期にわたる手厚い支援を組織的に行うことによって課題の解決に向けた援助を行うことが重要である。そのケース会議や事例検討会の1つの持ち方として、「インシデント・プロセス法」を用いた方法を紹介する。

インシデント・プロセス法を用いたアセスメント

インシデント・プロセス法とは、マサチューセッツ工科大学のピコーズ教授夫妻により考案された事例研究法の1つである。事例として実際に起こった出来事（インシデント）をもとに、参加者は出来事の背景にある事実を収集しながら、問題解決の方略を考えていくものである。学校における事例検討は、実例について事実を細かく報告しながら検討する場合が多く、参加者の分析力、判断力、問題解決力を養うことになるが、事例の流れを整理した資料作りに時間がかかるという難点もある。一方、インシデント・プロセス法では、参加者それぞれが事例についてその場で考え、自分が実行しなければならない役割について気づき、実行できるようになることを目指している。すなわち、参加者に問題解決過程の共有化と理解が促されやすいという利点がある。事例の内容や学校状況にもよるが、参加型の事例検討の1つの手法として参考にしていただきたい。

手順は、次の通りである。司会者が進行し、参加者はステップごとの課題に取り組みながら皆で具体的な対応策を考えていく。

第1ステップ 事例提供者による出来事（インシデント）の提示：（例）「Dさんは保健室に頻繁に行き、教室になかなか戻ろうとしない」

第2ステップ 事実・情報の収集：参加者は事例提供者に質問し、出来事の背景となっている事実を収集し整理する。

第3ステップ 個々で検討：参加者は解決すべき問題点を明確にする。具体策を書き出す（5W1H）。

第4ステップ 全体で支援方法を検討：グループに分かれ対応策とその根拠について話し合い発表し合う。

第5ステップ まとめと振り返り

以上のステップを参加者が共有することにより、今後の対応に必要な情報の収集・分析の考え方を学び高め合うことができる。また、指導や支援方針、支援目標を決定することの重要性を理解できるとともに、参加者が互いの意見を傾聴し合うことで、その後に続く実際的な協力関係を構築できるというメリットもある。

Profile

いしかわ・えつこ　こども教育宝仙大学教授。専門は教育臨床心理学。公認心理師・臨床心理士・特別支援教育士。教育相談室、児童相談所心理判定員、早稲田大学学生相談室、東京都公立学校スクールカウンセラー等を経て現職。私学スクールカウンセラー現任。平成14年より文部科学省不登校に関する調査研究協力者会議委員。中野区子どもの権利救済委員。警視庁少年育成課被害少年カウンセリングアドバイザー。文部科学省（委託）いじめ対策・不登校支援等推進事業「スクールカウンセラー及びスクールソーシャルワーカーの常勤化に向けて調査研究」研究代表（令和3・4年度）。主著書に『学校が求めるスクールカウンセラー』『教育・学校心理学（公認心理師の基礎と実践18）』（遠見書房）など。

授業に生かす教育相談

岐阜大学教授
柳沼良太

生徒指導提要の改訂とこれからの教育相談

これまで学習指導と生徒指導（教育相談）は、別々の領域にあると見なされることが多かった。それに対して、今回改訂された「生徒指導提要」では、生徒指導（教育相談）が学習指導にも大いに生かされることを明示している。

今回、生徒指導の目的は、「児童生徒一人一人の①個性の発見とよさや可能性の伸長と②社会的資質・能力の発達を支えると同時に、③自己の幸福追求と④社会に受け入れられる自己実現を支える」ことと定義されている（番号は筆者記入）。こうした目的は、生徒指導（教育相談）のみならず授業の学習指導にも共通するところが多い。

前半の①では、「個性の発見とよさや可能性の伸長」を掲げ、児童生徒が多種多様であり、その心理的側面を育てることの重要性を示すものである。子どもたちの内面にある個性、特性、長所、強み、その子らしさを引き出し育てることは、教育の要諦であると言える。それに続く②では、「社会的資質・能力の発達」が示されており、ここには人間関係調整力やコミュニケーション力、社会的規範意識などが含まれる。上述した心理的側面だけだと、自己中

心的で偏狭になることも懸念されるため、社会的資質・能力の発達を並置することでバランスを取っていると言えよう。

また、定義の後半の③では、新たに「自己の幸福追求」が掲げられ、児童生徒の興味・関心に基づく幸福感（快楽原則）を満たすことも保障している。そこでは子どもたち一人一人の経験、情緒、意欲、態度も尊重している。それに続く④では、「社会に受け入れられる自己実現」も示され、現実原則として社会に適応した人格形成が目指されている。この③と④の関係でも、上述の①と②の関係と同様に、個人の内面的な幸福に閉じることなく、外的な社会にも開かれた自己実現と両立させようとする趣旨が反映されている。

こうした生徒指導（教育相談）は、心理面だけでなく、学習面、社会面、進路面、健康面など包括的な発達を促す。その意味で、生徒指導（教育相談）は、特定の問題を抱える児童生徒の心理的な指導・支援をするだけでなく、広く学習面や社会面などの発達にも望ましい影響を与えることを目指していることが分かる。こうした子どもの心理的側面と社会的側面等を総合的に育成するためには、自己指導能力を育成することが何より大切になる。この自己指導能力とは、自分自身を内発的に動機づけ、自己を俯瞰し、他者や社会との関係を調整し、適切に指導

する能力である。こうした能力をもつことで、子どもたちは個性やよさを発揮して、自らの人生観や幸福観を認識して追求できるようになると共に、それらを社会に適応する資質・能力と調和させて自己実現できるようになる。こうした自己指導能力を育成するために、一人一人にきめ細やかな支援をするのが、まさに教育相談の役割である。

教育相談の特性と学習指導の関連性

　これまで教育相談と言えば、心理的に問題を抱えた子どもに対する個別的な支援（カウンセリング）と見なされることが多く、学習指導とは一線を画してきたところがある。伝統的にわが国では、教科教育と教科外教育が分けられ、各教科の学習指導で認知能力を育成し、生徒指導や教育相談などで非認知能力を育成しようとする傾向があった。しかし、今日の認知心理学の見地では、教科教育の内外で育成すべき資質・能力が異なるわけではなく、学校の教育活動全体を通して認知能力と非認知能力を総合的に育成することが目指されている。

　改訂された生徒指導提要でも、学校教育全体を通して、前述した自己指導能力をはじめ、自己理解能力、自己効力感、コミュニケーション力、他者理解力、共感能力、問題解決能力、目標達成能力、人間関係形成力、協働性、目標達成力などを含む心理的・社会的資質・能力を育成することが重視されている。こうした非認知能力やメタ認知能力を育成するためには、特定の教科で学習指導するよりも、教育相談の特性を生かした指導をする方が有効である。ここでは学習指導と関連した教育相談として、目標達成能力の育成を取り上げてみよう。

　学習において目標を立てる場合、例えば「SMART目標」を設定することができる。SMARTとは、

Specific（具体的）、Measurable（計測できる）、Actionable（実践できる）、Related（関連する）、Time limited（時間の制限）の４つの頭文字からできた用語である。

① （Specific）具体的な目標にする。例えば、「中間試験で成績を上げる」などと設定する。

② （Measurable）計測可能な数値にする。いつまでに何をどこまでやるかを決める。計測できるように数値で提示すれば、達成状況を確認できる。例えば、国語と数学で10点アップを目指す。

③ （Actionable）達成可能なものにする。子どもの資質・能力や過去の成績もふまえ、懸命に努力すれば達成できるレベルか確認する。例えば、毎日、各教科のワークを６頁ずつ取り組む。

④ （Related）目的に関連づける。自分の幸福実現や将来の社会的資質・能力と関連づける。具体的に自分のなりたい職業や夢と関連づけて、現在の学習の意味を見出し、動機づける。

⑤ （Time limited）時間を制限する。集中して限られた時間にベストの成果を出せるように取り組む。例えば、定期試験の日までの２週間とする。

　こうした目標を設定し達成する経験を段階的に積むことで、成功体験に裏打ちされた自己効力感が高まり、自己の幸福や「社会に受け入れられる自己実現」にも繋がる。このような目標達成能力を身に付けると、自己の現状を把握し、現在や過去の考え方を内省し、因果関係を見据えて、将来を展望して行動できるようになる。このように学習を質的に改善するためには、教育相談によって自己指導能力を発揮できるようにすることが大事になる。

授業に生かす教育相談について

　教育相談は、子どもの生活における心理的サポー

トだけでなく、各教科の授業にも生かすことができる。ここでは教育相談（カウンセリング）の手法を活用するケースを紹介したい。

まず、子どもが教科の授業で問題に取り組む際に、教師は「来談者中心療法」の手法を用いて支援できる。例えば、ある子どもが「この問題が分からない」と言って悩んでいるとすれば、教師はその困っている心情を受けとめ、「ここが分からないんだね」と共感的に理解する。そこで子どもが「なぜ難しいと感じるのか」「どこでつまずいているのか」を洞察して、「一緒にこの問題を考えよう」と促していく。子どもは教師が自分を受容し、悩みを理解してくれる支持者であると分かれば、教師に心の内を語り、問題の解決に前向きになれる。

次に、子どもたちの問題解決を支援する場合、教師は「認知療法」を応用することができる。第一に、問題が何かを明確にする。ここでは「何を問われているのか」「問題は何を意味するのか」を一緒に確認していく。第二に、目標を明確にする。最終ゴールとして「どのような答えを出せばよいか」を明らかにする。具体的な答えについてビジョンを示す。第三に、複数の解決策を創出する。子どもたちなりにいろいろな解決策を自由に考えてもらう。第四に、複数の解決策の中で有力な解決策を絞り込む。有力なやり方で問題が解決するか試してみる。もし解決しなければ、別のやり方も試す。多面的・多角的に考えられるように、他の子どもたちと交流し「こういうやり方もあるよ」などと助言し合い協働することも大事である。

さらに、教師は子どもの学習を支援するために「行動療法」を応用することもできる。子どもたちが考えた解決策を、具体的な行動プランに落とし込んでいく。望ましい解決策を具体的にどのように行動するかを検討するためには、前述したSMART目標にあてはめ、解決策を点検するのも有効である。子ども本人が納得できる具体的な行動プランを立て、

スキルを選定する。その後、実際に解決策を実行してみて、その効果を評価する。通常では、1週間くらいの期限を設定し、その間に解決策を遂行してみる。このように具体的に行動して体験を通して、計画した解決策の適切さや良し悪しを評価することができる。

学習に関わるアセスメントとしての教育相談の取り組み方

学習を指導するためには、子ども一人一人の発達状況や個性、特性をよく理解する必要がある。子どもの発達状況に合わない学習指導を無理に押し付けても理解できないし、反発されるだけだろう。そこで、子どもの発達状況や特性を理解するためには、学習に関わるアセスメントが大事になる。アセスメントの方法は、多種多様にある。アンケート形式で子どもたちの特徴や特性を把握する方法も多いが、事前に決められた内容について一対一で質疑応答する半構造化面接も有効である。

今回の生徒指導提要には、生物・心理・社会モデルによるアセスメントも提示されている。「生物学的要因（発達特性等）」「心理学的要因（認知や感情等）」「社会的要因（人間関係等）」から総合的に子どもの実態を把握し、子どものよさや長所、可能性の自助資源と、課題解決に役立つ人や機関・団体等の支援資源を探る。こうしたアセスメントに基づき、支援すべき問題を見出し、具体的な支援計画として、何を目標に、誰が、誰に、どこで、どのような支援を、いつまで行うかを明確にし、支援チームを編成すると一層効果的である。

また、教育相談では、子どもに自己理解を促す方法もよく用いる。「自分はどんなタイプか」「自分が今、興味があるもの」「自分にはどのような特徴（個性、長所、よさ、強み）があるか」などを挙げて自

己分析する。子ども本人が抱いている自己イメージと教師がその子に抱くイメージとが合致している所や相違している所に注目して、話し合うことも有意義である。子どもが「この科目は苦手だ」と考えれば、委縮して実力を発揮できないが、逆に「この教科は得意だ」と思えれば、勇気を得て実力以上の力を発揮できる可能性がある。これは教師から子どもへの働きかけでも同様である。「あなたはできる」と語りかけることで、ピグマリオン効果により子どもは「自分ができる」と思い込み、成績が伸びていく。当然、その逆もあり得る。子どもが自己肯定感や自己効力感をもてるような言葉で支援したい。

これからの「学びに生かす教育相談」の在り方

　以上のように、これからの学びに生かす教育相談として重要になるのは、子どもが広く俯瞰的に考える力、深く省察して本質を見抜く力、目標を達成する力、問題を解決する力などを育成することである。教育相談は、子どもの自己理解力や他者理解力を高め、問題解決の学習を自己調整する能力や、他者との人間関係を調整する力などを総合的に育成することもできる。

　こうした教育相談は、子どもたち一人一人の学力、個性、性格特性に合わせて学習するペースや学習内容を柔軟に変えていくことにも役立つ。その意味で、GIGAスクール構想における1人1台のタブレット端末を用いて、「個別最適な学び」を支援することに教育相談を役立てることもできる。これまでは子どもたちが「何を学んだか」という学習内容習得が重視されてきたが、これからは「何を習得しているか」という資質・能力の育成が重視されてくる。

　そこでのアセスメントとしては、学びの履歴（ス

タディ・ログ）やテストの結果をふまえて、「どのような分野を習得してきたか」「どのような分野が得意で、どのような分野が苦手か」等について俯瞰しながら、学び全体を振り返ることである。数学や英語など積み上げ式の分野で分からない箇所があれば、分かる所まで戻って、復習しながら学び直すこともできる。苦手分野を洗い出し、集中的・徹底的に学習して問題解決のスキルを高めることもできる。ただし、AIで見出す子どもの不得意の分野とは、学習履歴や小テストで機械的に抽出された箇所に過ぎない。間違えた考え方を理解し、どのように克服するかをきめ細かく個別に支援するのは、やはり教師の役割である。

　子どもたちが学習を振り返りリフレクション（省察）する際に、「問題のどこに困難を感じたのか」「その時、どう感じ考えたのか」「どう対処してどのような結果になったのか」を吟味し、「今後はどう対処すればよいか」を主体的に考えられるように、自己指導能力を育成したいところである。こうした学びに生かす教育相談こそが、これからのSociety5.0時代にはますます必要になるだろう。

[参考文献]
・柳沼良太著『学びと生き方を統合するSociety5.0の教育—サイコエデュケーションで「知・徳・体」を総合的に育てる—』図書文化、2020年。

Profile
やぎぬま・りょうた　2002年、早稲田大学大学院博士後期課程修了。博士（文学）。山形短期大学専任講師、岐阜大学大学院准教授を経て2020年から現職。中央教育審議会道徳教育専門部会委員、学習指導要領等の作成協力者などを歴任。日本道徳教育学会理事、日本デューイ学会理事。著書に『学びと生き方を統合するSociety5.0の教育—サイコエデュケーションで「知・徳・体」を総合的に育てる—』『実効性のある道徳教育』『生きる力を育む道徳教育』『ポストモダンの自由管理教育』、編著に『子どもが考え、議論する問題解決型の道徳授業事例集（小学校編・中学校編）』など多数。

チームで実現する多様な子供を誰一人取り残さない支援

椙山女学園大学教授
山田真紀

やりがいと効果を感じられる支援を

「チームで対応！」「子供の多様性に関する知識を持って！」「誰一人取り残さない！」という言葉は、ともすると先生方に「これまでのやり方ではダメですよ。もっと頑張ってください」とプレッシャーをかけることになる。私が小・中・高等学校の教師なら、282頁にも及ぶ生徒指導提要を前に「こんなの全部読めないし、この通りにやるなんてとても無理」と静かに本を閉じてしまいそうである。

筆者は特別活動を専門にしているため、本稿では特別活動の観点から「こうすれば新しい生徒指導提要の本質から外れることなく、やりがいと効果を感じられる支援ができる」ということを述べたい。教室や学校で頻発する問題行動に場当たり的に対応していたら、心も体もすり減ってしまうだろう。教師の心の栄養は「子供の笑顔」「子供の成長を感じられる感動体験」「保護者や同僚からの感謝」ではないだろうか。教師がすべてを何とかしようとするのではなく、ともに働く同僚、何よりも目の前の子供の協力を得て、こうした心の栄養を補給しつつ充実した教職生活を送れるように、いくつかアイディアを提案してみたい。

新しい生徒指導提要の重要なポイント

今回の生徒指導提要の改訂で最も重要だと思われるのが、生徒指導の構造を4層で示したことである。例として不登校への対応の構造を図1に示した。課題予防的生徒指導で「発達支持的生徒指導」と「課題未然防止教育」を行い、不登校という問題を未然に防ぐ指導を行う。そして、学校を休みがちになった子供がいた場合は、チームで「課題早期発見対応」を行い、事態が深刻になる前に問題解決することを目指し、これらの対応も虚しく不登校になった子供がいた場合には、「困難課題対応的生徒指導」で対応していくことになる。

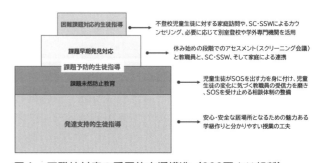

図1　不登校対応の重層的支援構造（222頁より転載）

発達支持的生徒指導で問題の起きにくい学校文化を作ろう

　図1において「発達支持的生徒指導」の面積が一番大きいことから、視覚的にもこれを重視していることが分かる。「発達支持的生徒指導」を徹底して行うことで、生徒指導的問題をほとんどゼロにした東京都の公立小学校がある。以前、このA小学校では不登校・いじめなどの生徒指導的問題が頻出し、学級崩壊するクラスも複数あり、先生方のメンタルヘルスは危機的状況にあった。そこで新しく赴任した校長が「話合い活動」と「たてわり活動」の二つを徹底的に行うことで、学校を大きく変えていった。象徴的なエピソードがある。A小学校は小規模な学校であるため、運動会の集団演技は低・中・高学年で一つずつ行う。特に高学年の生徒は集団演技のふりつけを恥ずかしがり、動きも小さく、なかなか覚えることができない。そこで、たてわり活動の一環として、6年生に演技を教え、6年生が5年生に演技指導をすることにした。すると6年生は「5年生に分かりやすく演技を教えられる優しくも頼れる最高学年でありたい」という願いと責任感から、主体的に演技を覚え、自身が5年生の模範となるべく大きな動きで演技することが、あっという間にできるようになったという。5年生にとっては遠くの朝礼台で踊る先生の動きを模倣するのではなく、ほとんどマンツーマンで6年生に教えてもらうことになり、動きの習得は容易で、さらに「来年は私達が最上級生として5年生に演技を教えてあげたい」という目標を持つことができた。以前は「もっと大きく動いて！」「そんな演技で高学年として恥ずかしくないのですか！」と叱咤する指導で先生方も疲弊していたのに、この方法に変えてからは、6年生が5年生に熱心に教える姿を見守り、困っているペアやチームがあったときだけサポートに入ればよい状況となった。そして自信のなさそうな6年生が5年生から信頼され、感謝されて、大きく成長する姿を見て、先生方も大きなエネルギーを得ることになったという。これこそが「先生だけで何とかしよう」から「子供の協力を得て何とかしよう」という指導観の転換である。こうした「しかけ」がうまく機能する学校では、自然と「発達支持的生徒指導」が実現され、生徒指導的問題が起きにくくなるとともに、先生の負担軽減とやりがいの増加が見込めるのである。

　新しい生徒指導提要の「発達支持的生徒指導」の項には、これは「教育課程内外の全ての教育活動において進められる生徒指導の基盤」であり、「あくまでも児童生徒が自発的・主体的に自らを発達させていくことが尊重され、その発達の過程を学校や教職員がいかに支えていくかという視点」に立つと述べられており（19頁）、本稿で示したアイディアは新しい生徒指導提要の本質を踏まえたものといえる。

多様な子供を誰一人取り残さない学校をつくるには?

　生徒指導提要は、子供の多様性に適切に応じることを求めており、「多様な背景を持つ児童生徒への生徒指導」の章では、注意欠陥多動性障害や学習障害などの発達障害、不安症や摂食障害などの精神疾患、虐待・ヤングケアラー・貧困などの家庭由来の問題、外国籍、LGBTなどをあげ、これらの背景や特性が生徒指導的問題となる場合において、適切に対処するべく、根拠となる法令や、学校内の組織づくり、関係諸機関との連携について詳細に記述している。これらは当該の問題がある場合には、その都度参照して対応の指針にすべきものであるが、問題が表面化していない場合にも、特別に配慮しなければいけないということではない。先にも述べたよう

に、基本は「発達支持的生徒指導」である。

　一つのエピソードを紹介したい。異文化間教育に熱心に取り組む先生から聞いた話である。その先生のクラスに東南アジア出身の外国籍の転校生がやってきた。先生は彼を歓迎する気持ちと、彼のバックグラウンドを教育に活かしたいという気持ちから、彼の母語の挨拶をみんなで覚えたり、社会の時間に彼の国について紹介したりした。そんなとき彼は居心地の悪そうな顔をしていて、そのうち学校に来なくなってしまった。自分は他の子供とそれほど違うとは思っていなかったのに、殊更に差異を強調され、特別扱いされることに居心地の悪さを感じていたのだ。このことがあって以降、先生は外国籍の子供を地球市民の仲間として受け入れ、人類が共通して直面するSDGsなどの問題を取り上げる際に、「あなたの国の取組を調べて教えて」という形で、差異が学習上の貢献になり、それが本人にも実感できるように工夫するようになったという。

　我々人間は多様性に満ちており、多様な立場から多様な意見を表明し、折り合いをつけながら合意形成していくことで、豊かな社会を実現できる。先に紹介したA小学校は、話合い活動とたてわり活動を両輪として学校を変革していった。A小学校では話合いの基礎を築くために、どのクラスでも5分間ミニミーティングを行っており、例えば給食当番のうち2名が欠席した場合は、先生が「日直さん手伝ってあげてください」と指示するのではなく、子供が話し合って問題解決する。「手伝ってくれる人を募って、手伝ってくれた人にはお礼に給食の優先お代わり券をあげる」など、子供は実に素敵なアイディアをもって問題解決するようになり、話合いや問題解決を好きになるという。さらに学級会では、多数決ではなく、少数派の意見を尊重しながら、折り合いをつけて合意形成することを目指す。こうした実践のなかで、「少数派も尊重される」「多様であることは豊かである」ということを子供は肌感覚で

学んでいき、特徴的な背景をもつ子供であっても、受容・包摂され、心地よい居場所を得ることになる。A小学校には特別支援学級がなく、障害のある子供も普通級で学んでいる。校長先生のいう「1人の加配教員よりも40人のサポーター」に守られ、障害のある子供も特段の問題もなく、楽しい学校生活を送っている。教師と子供を縦糸で結ぶだけでなく、子供と子供を横糸で結び、縦糸と横糸の織りなす布のうえで教育することを目指す日本の教育の真骨頂を見る思いである。

学級活動や道徳で課題未然防止教育をしよう

　日本の学校は、カウンセリングとともにガイダンスを伝統的に大切にしてきた。カウンセリングが問題解決のために個別に対応するものであるならば、ガイダンスは問題を未然に防ぐためにクラス全体で学ぶものを指す。新しい生徒指導提要では、これを「課題未然防止教育」と呼ぶ。学級活動（2）の時間や道徳の時間を用いて、いじめについては、いじめはいけないことの理解・いじめにあった場合の助けの求め方・人権教育など、暴力や非行については、暴力を用いない問題解決の仕方・薬物乱用防止教育など、自殺予防については、命の大切さの理解・SOSの出し方教育などを扱うことができる。

　ここまで発達支持的生徒指導と課題未然防止教育を含んだ「課題予防的生徒指導」について論じてきた。なぜなら課題予防的生徒指導は日本の学校教育の強みを生かしたアプローチであるからである。いささかステレオタイプに過ぎる描写ではあるが、欧米的で心理的なアプローチでは、教育的効果は教師と子供の縦糸関係のなかで生まれ、問題が生じたときには個別にカウンセリングして対応するのに対し、日本的で社会的なアプローチでは、教育的効果

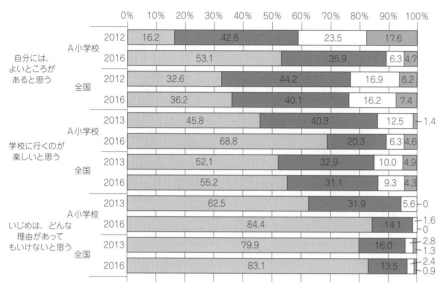

図2　A小学校の児童の意識の変化

凡例: □ 当てはまる　■ どちらかといえば，当てはまる　□ どちらかといえば，当てはまらない　■ 当てはまらない

は教師と子供の縦糸関係だけでなく、子供と子供の横糸関係のなかでも生まれ、問題が生じたときには個別の対応とともに、集団的対応もとられる。そしてA小学校の事例から、この日本的で社会的なアプローチの効果が大きいことが示されている。**図2**は話合い活動とたてわり活動を両輪とした発達支持的生徒指導に取り組んできたA小学校において、児童の意識がどのように変化したかを、「全国学力・学習状況調査」の調査項目のうち、自尊感情に関連する「自分には、よいところがあると思う」、不登校に関連する「学校に行くのが楽しいと思う」、いじめに関連する「いじめは、どんな理由があってもいけないと思う」を取り上げ、取り組み1年目のH25年度と3年目のH28年度の数値を示したグラフである（自尊感情のみ、取り組み前年との比較）。

このグラフから、取組開始3～4年間で自尊感情については「当てはまる」の数字が16.2％から53.1％と37ポイントも上昇し、「学校に行くのが楽しい」も23ポイント、「いじめはいけない」も22ポイント上昇していることが読み取れる。A小学校の校長先生の実感としても、3年間で不登校・いじ

め・学級崩壊などの生徒指導上の問題は、ほとんど解消できたと述べている。

それでも生徒指導的問題が生じてしまったら

こうした課題予防的生徒指導により、生じる生徒指導的問題は限りなく少なくできるものの、それでも問題が生じてしまったら、チームで対応していくしかない。生徒指導提要は「いじめ・暴力行為・非行は生徒指導」「不登校は教育相談」「進路は進路指導（キャリア教育）」「障害に関することは特別支援教育」と、縦割りの分業的な体制が強すぎることによる弊害を指摘している（88頁）。教職員・スクールカウンセラー・スクールソーシャルワーカー・家庭とのチーム体制で「課題早期発見対応」をし、さらに困難な事例については「困難課題対応的生徒指導」を行っていきたい。

[付記]
本稿で紹介した学級活動（1）話合い活動、学級活動（2）ガイダンス的教育活動については、国立教育政策研究所のHPに掲載されている解説動画が参考になる。
https://www.nier.go.jp/kaihatsu/shidousiryou/sho_tokkatsueizo/

Profile

やまだ・まき　椙山女学園大学教育学部教授。日本特別活動学会副会長・常任理事。東京大学大学院教育学研究科比較教育社会学専攻博士課程修了。日本や世界の特別活動を対象とした調査・研究を行う。

問題が起こらない日常をつくる教育相談活動

日本大学教授
藤平　敦

事後対応から予防的な教育相談へ

　12年ぶりに改訂された「生徒指導提要」（以下、「改訂版提要」という）では、生徒指導の構造をこれまでの3層構造（「未然防止」「初期対応」「事後対応」）から、新たに4層構造に発展させている。

　「未然防止」が「発達支持的生徒指導」と「課題未然防止教育」に分かれ、「初期対応」が「課題早期発見対応」、「事後対応」が「困難課題対応的生徒指導」とそれぞれ呼ばれるようになった。「発達支持的生徒指導」と「課題未然防止教育」は、どちらも問題の兆候が見られない中での先手型の常態的・先行的（プロアクティブ）生徒指導である。一方、これまでの「初期対応」から呼び名が変わった「課題早期発見対応」と、同じく「事後対応」から変わった「困難課題対応的生徒指導」は、どちらも問題の兆候等が見られた中での事後対応型の即応的・継続的（リアクティブ）生徒指導である。

　「発達支持的生徒指導」と「課題未然防止教育」の違いは、課題を起こりにくくするということを意図して行うかどうかである。成長を促す充実した教育活動を行うことで、（結果的に）問題が起こりにくくなること（発達支持的生徒指導）と〇〇の問題

が起こる前に予防的な働きかけをすること（課題未然防止教育）では、意味が全く異なる。しかし、どちらも全ての子どもを対象とする未然防止的な生徒指導であることに違いはない。「問題が起こらない日常をつくる教育相談活動」という本論考のタイトルのうち「問題が起こらない日常をつくる」とは、まさしく「未然防止」（「発達支持的生徒指導」と「課題未然防止教育」）のことである。なお、今回の「改訂版提要」において、最も大きな特徴が生徒指導の新たな構造として整理された2軸3類4層構造の中の「発達支持的生徒指導」である。この意味は、「子どもが自ら発達するのを（教師が）支える」ということで、子どもを主語にしている点である。

　さて、一般的に教育相談というと、全ての子どもを対象にするのではなく、悩みを抱えている子どものみを対象にしている。それは、「教育相談は個人の資質や能力の伸長を援助する」という発想が強い傾向があるからであり、全ての子どもを対象にすることは教育相談というよりは、むしろガイダンスであると考えられているからである。しかし、「改訂版提要」では、予防的な教育相談の在り方として、「発達支持的教育相談」と「課題予防的教育相談」が紹介されている。前者は、「様々な資質や能力の積極的な獲得を支援する教育相談活動」で、「個々の児童生徒の成長・発達の基盤をつくるもの」との

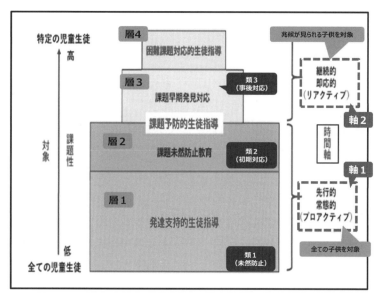

図1　新たな生徒指導の構造　（出典：文部科学省「生徒指導提要」改訂版（案）　令和4年8月26日）

ことである。また、後者は「全ての子どもを対象とした、ある特定の問題や課題の未然防止を目的に行われる教育相談」であり、いじめや暴力を防止するためのプログラムや取組を行うことなどが挙げられる。

このように、今後は事後対応のみにとどまらない予防的な教育相談の在り方が求められる。

逆転の発想から生まれる予防的な教育相談活動

予防的な教育相談の在り方が求められるとは言うものの、全ての子どもを対象にして予防的な働きかけをすることが教育相談であるとは捉えにくい人も少なくない。それは、教育相談は悩みを抱いている人のみを対象に、1対1で行うことが基本であると考える人が少なくないからである。そこで、全ての子どもを対象に成長を促す教育活動を行いつつ、同時に「発達支持的教育相談」と「課題予防的教育相談」を実践している事例を示したい。

●事例：「Starカード」の取組

A中学校のB教諭は2年3組の担任である。この学級では4月から大小さまざまな問題を抱えていた。最たるものとしては、からかいのような軽口で友達の悪口を言ったり、それを周りがはやし立てるような風潮が広がっていたことである。その結果、口喧嘩やちょっとした小突き合いのようなトラブルが日常的に起きていた。当然、授業も円滑に進まず、1学期の期末テストの結果はクラス平均で学年最下位となってしまった。また、からかう言葉を真に受けて学校を数日間休んでしまった女子生徒もおり、不登校やいじめの温床になってしまっていると、B教諭は強い危機感を感じていた。

少しでもクラス内の人間関係を改善しようと、B教諭は2学期から「Starカード」という取組を始めた。これは、クラス内の所定の位置に、生徒一人一人の名前が書かれたメモ用紙と投票箱を用意し、友達の良い行いや感謝したいこと、尊敬する振る舞いなど、気づいたときに好きなタイミングで書き、投票箱に入れるというものである。ある程度、用紙が溜まってきたらB教諭が箱を開け、投票用紙を集計

しクラス内のスターを発表するとともに、友達からの言葉を伝えるというものだった。最初は面倒くさそうな様子で投票に積極的ではなかった生徒たちだったが、Ｂ教諭の熱心な働きかけや、友達から感謝の言葉を伝えられることの喜びも感じるようになり、徐々に参加意識が高まってきた。Ｂ教諭自身も手応えを感じ、クラス内の雰囲気も改善され、学習に対する意欲も高まってきていた。

　幾度目かの集計のとき、Ｂ教諭は投票された生徒の名前をパソコン上で管理していたが、そこで初めてあることに気がついた。いままでの複数回の投票のなかで、まったく投票されていない生徒が数人いたのである。いずれの生徒も、授業態度が悪かったり、生活に乱れのあるタイプではなく、大人しく目立ちにくい雰囲気の生徒であった。振り返ってみると、Ｂ教諭自身も個別に声をかけた記憶がすぐには思い出せなかった。次の日から、Ｂ教諭は積極的に１票も投票されなかった生徒に声をかけていくことにした。また、他の授業中や部活動中の様子等も、同僚の先生方に聞いて回るようにした。働きかけの結果か、それぞれの生徒に積極性が見えるようになり始め、投票用紙にも名前が挙がるようになっていった。このＢ教諭の取組は全クラスで行うようになり、３年後には、市内で一番不登校数が少なくなっただけでなく、全国学力・学習状況調査の平均正答率も市内でトップになった。

■ 「気にならない子供」に　目を向ける

　Ｂ教諭が試みた「Starカード」の取組については、同様の方法が多くの学校現場で採用されている。例えば、ある中学校では、職員室に箱を設置し、そこに様子が気になる生徒の名前を教職員が書いて入れていく方式で、同じ生徒の名前が複数挙

がったら、情報収集をしたうえで対応を検討していくことで、大きな問題に発展しない早期発見・早期対応に結びついている。また、別の中学校では、教職員が付箋紙を携帯し、生徒のちょっとした「きらめき」に気づいたら即座にメモをして、所定の場所に置かれた台紙に貼り付けていくという取組を行っている。どちらの取組も、生徒の様子がわかりやすくなるとともに、教職員間で生徒の情報が共有できることにつながるため、いじめの未然防止や早期発見にも効果的である。また、他の先生からのコメントを通知表の所見欄に記入する際に参考にするという活用方法もあるようである。

　しかし、Ａ中学校での「Starカード」の取組において注目してほしいポイントは他にある。それは、「Starカード」の取組を通して、Ｂ教諭が「気にならない生徒」に目を向けることができたことである。勉強のできる生徒・できない生徒、生活態度に課題のある生徒などは、良くも悪くも目に留まりやすい。結果、そのような生徒は多くの教職員の目が注がれるため、学習上や生徒指導上の大きな問題に発展することを防ぐことに結びついている場合が少なくない。一方、大人しく目立たない生徒は授業中も真面目に取り組んでいることが多いため、教師も安心してしまい、ついつい目が離れがちになってしまう場合がある。しかし本当は授業がわからずにいるが、「わからない」と言えないでいたり、わかったふりをしている生徒も少なくない。適切な学級経営をしていく上では、このような「気にならない生徒」＝「目立たない生徒」に、いかに注目していくかが大きなポイントとなる。

　こういった生徒の存在を可視化して、効果的に働きかけることができたＢ教諭の取組は、まさしく「発達支持的生徒指導」の取組である。また、悩みのある生徒からの相談を待つ受け身的な教育相談ではなく、教師が積極的に「気にならない生徒」に目を向けるという、まさしく「予防的な教育相談」で

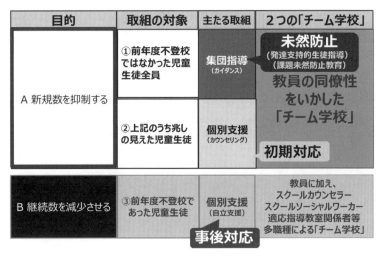

目的	取組の対象	主たる取組	2つの「チーム学校」
A 新規数を抑制する	①前年度不登校ではなかった児童生徒全員	集団指導（ガイダンス）	**未然防止**（発達支持的生徒指導）（課題未然防止教育）　**教員の同僚性をいかした「チーム学校」**
	②上記のうち兆しの見えた児童生徒	個別支援（カウンセリング）	**初期対応**
B 継続数を減少させる	③前年度不登校であった児童生徒	個別支援（自立支援）　**事後対応**	教員に加え、スクールカウンセラースクールソーシャルワーカー適応指導教室関係者等多職種による「チーム学校」

図2　2つのチーム学校

ある。今後、このような「予防的な教育相談」に結びつくような取組が意図的、計画的、そして組織的に行うことが期待される。

なお、意図的、計画的、そして組織的に行うためには、取組の目的や子どもの実態に即して、取組を整理することが効率的である（**図2**参照）。

図2は、不登校の対応を目的や子どもの実態に即して、取組を整理したものである。不登校の児童生徒数は、小1から中3へと学年が進むごとに増えているのが現状である。これは前年度からの継続した不登校数に加えて、毎年新たに新規不登校数が加わっているからである。1つの大きなポイントとして、教員はまず「新規数を抑制する」という部分に注意を払う必要がある。「不登校支援」というと、どうしてもすでに不登校になってしまっている児童生徒に対して目を向けがちであるが、図2の①、②の「前年度不登校でなかった」子どもに対する働きかけ、つまり、新規数を抑制するための取組を考えることが大切である。そのためには、全ての子どもにとって、教室が安心できる場所であるための居場所づくりが重要になる。

また、継続して不登校である子どもが再び学校に通えるようになるためには、時間を要するケースが少なくない。そして、それは、教師一人の力には限界がある。継続して不登校である子どもを支援する際には、スクールカウンセラーなどの専門家と役割分担をしながら、クラスの全ての子どもが気持ちよく学校に通える環境を作る。これこそが、教師の第一の役割であり、それは「発達支持的教育相談」の働きかけである。「発達支持的教育相談」を進めていくためにも、教員の同僚性を生かした「チーム学校」とスクールカウンセラーなどの専門職を交えた「チーム学校」という2つの体制を分けて考えることが、これからの予防的な教育相談を進めていくうえで必要な視点である。

Profile

ふじひら・あつし　20年間の高等学校教諭を経て、平成19年4月より文部科学省国立教育政策研究所 生徒指導・進路指導研究センター総括研究官。平成31年4月より現職。学校心理士。日本生徒指導学会常任理事・関東支部担当理事。主な著書に『研修でつかえる生徒指導事例50』（学事出版）、『最新 教育課題解説ハンドブック』（ぎょうせい、共著）など。好きな言葉は「ローマは一日にして成らず」。

はじめの一歩を大切にする
アセスメントの実際
「できない理由」を探すことから、
「今できること」を探す教育相談体制づくりへ

東京都調布市立杉森小学校

■ 新たな生徒指導の定義を
どう生かすか

　今夏まとめられた生徒指導提要で注目したのは、「生徒指導」の捉え方の変容である。

> **■新旧生徒指導提要における「生徒指導」の捉え方**
> 【現行】生徒指導の意義
> 　生徒指導とは、一人一人の児童生徒の人格を尊重し、個性の伸長を図りながら、<u>社会的資質や行動力を高めることを目指して行われる教育活動</u>のこと
> 【改訂案】生徒指導の定義
> 　生徒指導とは、社会の中で自分らしく生きることができる存在へと<u>児童生徒が、自発的・主体的に成長や発達する過程を支える教育活動</u>のこと
> 　　　　　　　　　　　　　（下線部は筆者による）

　その文末において、「目指して行われる」から「過程を支える」との文言に変わっている。これは、教師が進むべき方向を決め「正しい方向に教え導く」教師像から、子供自身が自発的・主体的に自己を成長させるために、子供を支える教師像へと、学校が自ら変わることが求められていると捉えた。
　そのような転換が求められる中で、教育相談の果たす役割は非常に大きい。それは、従来のいじめ・暴力行為・不登校などへの対応だけでなく、今回の改訂案で多くのページが費やされた「多様な背景を持つ児童生徒への生徒指導」に対しても、一人一人への丁寧な児童生徒理解やアセスメントを通して、学校全体での支援体制を構築する必要があるからである。子供を支えるためのベースとなるアセスメントは、今後ますます重要になるであろう。

■ 「はじめの一歩」を
踏み出せないのはなぜか

　とは言え、本校を含め多くの学校で、簡単には「丁寧なアセスメント」に踏み出せない状況がある。学校が直面している、「はじめの一歩」を躊躇する課題について、以下に整理する。

【課題1　連携】

　「チームとしての学校」が浸透し、学校には、スクールカウンセラー、巡回指導員、スクールサポーターなど、教員以外にも様々な専門職が入るようになった。それは、子供を様々な角度からアセスメントし、共有することで支援策を講じることができるようになったという点で大きな成果がある。その一

【ある週のアセスメントにかかわる教職員の勤務】						
	月	火	水	木	金	その他
校長	出張	○	○	出張	○	
副校長	○	出張	○	○	○	
特支教室	○	巡回	○	○	巡回	
SC（都）		○				
SC（市）					○	
SS	○	○	○	○	休	
特支教室専門員	○	○	休	○	○	
巡回指導員（都）	×	○	×	×	×	40h/年
巡回指導員（市）	×	×	×	×	×	3h/回×5日

表1　アセスメントにかかわる教職員

方で、それら専門職の多くは非常勤であり、勤務形態や勤務条件は様々である。**表1**のように、全員が揃って支援委員会を行うことは困難であり、多様な職種連携のための連絡調整役は配置されないため特別支援教育コーディネーターや副校長がその役割を担っている。専門職が増えたことによる連携の難しさが、第一の課題である。

【課題2　時間】

　現在、学校現場においては、どのような教育活動も教員の働き方を考慮した計画・実施が求められる。6時間授業の日の放課後、教員の休憩（45分）を確保すると、会議等を設定できるのは最大30分。しかもその中で、学年会や保護者対応等が入ってくる。支援会議を必要とするケースが増え、時間をかけて話し合おうとするほど、勤務時間内での検討は困難になる。

【課題3　アセスメントの質】

　近年、若手教員や産育休代替等の臨時的任用教員が増加している。これまで、個々の教員の力量や各校で暗黙知として引き継がれてきた児童理解や情報共有、個に応じた支援などが、教員任せではその質を保てなくなってきている。アセスメントについても、その意義や方法を教員が理解することから始め

る必要が出てきている。

　以上のように、「丁寧なアセスメント」によって生じる様々な課題を考慮して実施する必要がある。大切なことは、「課題があるからできない」ではなく「その中で、できることは何か」を試行錯誤することである。初めから丁寧なアセスメントを目指す必要はない。学校の強みを把握し、ハードルの低いものから小さな改革を続けること、今行っている取組を生かして別の視点から価値付けることを大事に、本校は取り組んでいる。特別支援教育校内委員会を例に、その実践を紹介する。

連携と時間削減を生む組織づくり

　本校は、都心のベッドタウン・調布市の南部に位置し、住宅街と多摩川等の豊富な自然に囲まれた全校児童702名・21学級の中規模校である。本校の人的な強みとしては、特別支援教室拠点校として5名の教員が配置されていること、生活指導主任が不登校対応に精通していること、養護教諭が外部連携の経験豊富であること、指導教諭である音楽専科教員を核に通常級と専科の連携ができていることが挙げられ、これらを生かした取組を行っている。

（1）特別支援教育コーディネーターの複数配置

　本校は、特別支援教室2名、生活指導主任、養護教諭、教員（担任・専科）の計6名を、特別支援教

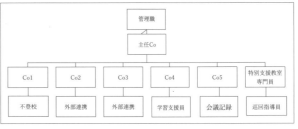

表2　特別支援教育コーディネーター分担

育コーディネーターとして指名している。

5人のコーディネーターと特別支援教室専門員[1]が、アセスメントに必要な情報収集や、校内委員会後の支援に向けての連絡調整を分担している。これによって特定の教員に負担がかかることが減るとともに、子供の現状把握や支援方針が教職員全体で共有されることにもつながっている。また、専科教員や特別支援教室担当など立場の異なる教員が入ることで、子供を多面的に理解できるようになった。

（2）分掌や学年を越えた情報共有

教育相談・特別支援教育・生徒指導は、密接に関わっているが、分掌上、別組織となり情報が分断されてしまうことがある。本校では、生活指導主任が特別支援教育コーディネーターを兼務することで、分掌間の情報共有が円滑になった。さらに、週1回の生活指導に関する職員打合せでも周知され、多くの教職員が子供と関わることで、アセスメントと支援が一体となり機能することを目指している。

アセスメントの質を向上させる校内委員会の工夫

（1）アセスメントシートフォーマットの統一

多くの学校で行っている工夫であろうが、校内委員会でのアセスメントシートを統一フォーマットで作成している。このメリットは、検討する側にとっては、効率的な検討が可能になることである。また、作成者（担任）にとっては、アセスメントの視点が示されることによって、何を観察・評価すればよいかが分かりやすい。特に、若手教員にとっては、シート作成を通してアセスメントの視点を学びながら子供の見方を広げることにつながる。

表3　特別支援教育校内委員会アセスメントシート

（2）子供のよさを引き出すアセスメントシートの工夫

本校の校内委員会で留意していることは、不適応行動や問題行動が現れる場面の特定と、今その子供がもっているよさや強み、今当たり前にできていることの発見である。教育相談の積極的な関わりを必要とする子供は、マイナスな部分に焦点が当てられがちである。しかし、それは子供の一部の姿であって、その改善だけを目指そうとすると、一層不適応行動を強めてしまうことがある。課題となる行動や思いが、どのような場面で生じるか、その時、本人と周囲はどのように対処し、どう変わった（変わらなかった）か、それらを具体的に把握することで、より適切な支援や環境調整につなげることができる。また、よさや強みを価値付けることで、それらを発揮させる場面を設定・共有し、全ての教職員で

子供の良さを認め励ますことができる。

このような工夫のある校内委員会に若手教員が参加することが、アセスメントや校内の協働について学ぶOJTとなっている。本校では、特別支援教育コーディネーターに若手教員枠を1名設定し、記録・共有を担当させている。彼女は「委員会でいろいろな先生方の見立てや支援策を学ぶことで、私自身の指導に役立っている」と話している。

■ 「今できること」を 「もっとできること」へ進めるために

上述のようにアセスメントに取り組んでいる本校だが、今後の課題として2点挙げる。

1点目は、時間の確保である。委員会での時間配分や検討事項の精選だけでなく、教育課程全体でマネジメントの在り方を今後も継続して見直していく。

2点目は、アセスメントシートの改善である。障害者権利条約策定の過程で使われた「私たち抜きに私たちのことを決めないで」というスローガンは、学校教育でも当たり前のこととなるだろう。シートの中に「子供の願い」を入れることで、その実現を最上位の目的としたアセスメントや支援ができると考える。

子供や教職員が変われば、教育相談やアセスメントの在り方も変わる。その時々でできることもあればできなくなることもあるだろう。その際に「○○だからできない」と思考停止することは容易である。変化を受け入れ、学校の強みを探し、生かすことで、完璧ではなくても歩みを止めない学校を創りたい。

写真1は、本校の職員室にある「サロン」と呼ばれるスペースである。狭い場所だが、教員がリラッ

写真1 職員室サロン

クスして話せる貴重な場である。アセスメントの「はじめの一歩」は、このような場所から始まるのかもしれない。温かな同僚性を基盤にチームの力を発揮できる教育相談体制をこれからも目指していきたい。

[注]
1 東京都配置の特別支援教室運営業務を行う非常勤職員

（副校長 八代史子）

教育相談の「見方・考え方」を生かした学習指導

岐阜県岐阜市立長森南中学校

■「学びの安心感」を生み出すために

「教育相談を学習指導に生かす」と聞いて、どんなイメージをもつだろうか。改訂された生徒指導提要には「教育相談の目的は、児童生徒が将来において社会的な自己実現ができるような資質・能力・態度を形成するように働きかけること」とある。また「教育相談は個人の資質や能力の伸長を援助するという発想」が強い傾向にあるとも記されている。これらのことから「児童生徒一人ひとりが安心して学習に向かえる状態になるように支援すること」ではないかと考える。「学びの安心感」を生み出すとでも言えばよいだろうか。安心して学ぶためには、「環境面の安心感」と「人間関係の安心感」がある。授業で児童生徒が学習に向かえる状態を考えたとき、環境面の安心感とは、教室や学校が落ち着いて過ごせる居場所になっていることである。人間関係の安心感とは、仲間や教師との関係が良好なことである。環境面・人間関係は、児童生徒にとって生き方を左右する要因になる。

昨今、不登校やその傾向にある児童生徒が増加の一途をたどっている。「10歳の壁」・「中1ギャップ」など、これらが起因している可能性もあるだろう。

また私たち教師は、学習指導と聞くと児童生徒の学力向上や教師の授業力向上に目が行きがちである。だからこそ、今回は視座を変え、児童生徒の「学びの安心感」を軸として考えてみたい。

■ 自己肯定感・自己存在感を高める個別最適な学び

教室で進める授業は、一斉指導のように集団中心で進められることが多い。しかし、個々の指導・援助をしなくてよいわけではない。生徒一人ひとりが授業の主役であるからだ。日々、生徒全員が主体的に参加できる授業を目指して授業づくり（題材研究や授業構成研究）を進めているが、自信のなさや対人コミュニケーションなどで困り感をもつ生徒をどう支援できるかも併せて考えていく必要がある。まず考えるべきは、単位時間の中で個別指導ができる場面がどこにあるか、洗い出すことである。私は社会科を専門とするが、岐阜県の社会科授業は、①導入・課題化、②課題追究（調べ学習）、③発表交流、④まとめの流れで展開されることが多い。この構成の場合、個別に指導・援助ができる場面は②と④の2か所である。

課題追究は、学習課題を解決するために、生徒が

一人ひとり教科書や資料集、近年ではタブレットを用いて答えを見つけたり、考えをまとめたりする時間である。中学校の場合、50分の授業時間内の8～10分程度で設定することが多い。この時間帯こそ個別に関われる最大のチャンスである。私がこの時間で行っていることは、最初の1分で教室全体を俯瞰し、課題追究に向かえているか確認している。課題追究に向かえていない生徒には、最優先で声をかけに行く。「何を調べれば（考えれば）よいか分かるかな」や「○○から調べるといいよ」など見通しがもてるような声かけをする。生徒は何をどこまで取り組めばよいかが分かり、安心して課題追究ができる。次に、日々の授業で把握している生徒の実態をもとに、困り感をもっていると予想される生徒の課題追究を確認する。授業ノートの記述内容など進捗状況を確認しながら、適宜必要な支援を行う。その際、安易に答えを教えるのではなく、ヒントを出して可能な限り自力で課題解決に向かえるような支援策をとる。「よく調べ（考え）られている」「合っているよ。自信をもって」と認め・励ましの声かけやハンドサイン（OKマーク・グッドマーク）を示す。このような教師の働きかけの積み重ねが、生徒の自信となり、自己肯定感を高めることになる。机間指導時の個別指導は、多くの教員が取り組んでいる支援方法であるが、意図的にピンポイントで個別指導ができる時間だと捉えたい。

また質問大歓迎というスタンスをとっている。調べ学習中に行き詰まったら、挙手や席を立ち質問することを容認している。これらの行動は、分からないことを何とか解決したいという生徒の意思表示でもある。誰しも自分が困ったとき助けてほしいという感情を抱くだろう。隣の仲間に聞くこともできるが、一人ひとりの学習時間を保障するため、この時間は教師（私）への質問としている。また、授業妨害となる立ち歩きではないので、周囲も騒然とならず、こんなこと聞いていいのかという心配もない。

質問の中には本題からずれたものもあるが、生徒の困り感を解消するために、質問されたことには答えるように努めている。このやりとりが生徒の自己存在感を高めることにもつながると考える。課題追究時のできた・合っているという自信は、挙手発言への原動力となる。仲間の前で発言することでさらなる自信となるように、ポジティブなサイクルを生み出せる。このような支援は授業の終末でも可能である。学習課題に対する答えや自分なりの考えを、まとめとして書くが、まとめが書けることは、本時の授業が分かっている証拠であり、生徒自身の「できた」「分かった」という達成感を実感させることができる。この時間も、困り感を解消できる機会であるので、机間指導や質問に応じることに徹する。このように個別指導の時間を意図的に確保することで、個別最適な学び（指導の個別化）が可能になると考える。

■ SSTにもなる小集団学習

現行の学習指導要領では「主体的・対話的で深い学び」ができる授業を推進している。ここではその手法として「小集団学習」を例示する。小集団学習とは少人数で行う学習方法であり、ペア・トリオやグループ（4～6名程度）がこれに該当する。意味や意義、その効果を分かって用いると、個の力を伸ばすだけでなく、学級全体の学びも充実させることができる。今回は、ペア交流を中心に記述するが、2人ペアで行う良さは、話す必然が生まれ、生徒一人ひとりの発話量も確保できる利点がある。さて、皆さんが受け持つ学級に、挙手発言をしない生徒はいないだろうか。厳密に言えば、分からず挙手できない生徒、分かっているけれど話すのが苦手で挙手できない生徒など、生徒の様相は様々である。一言

も発しないまま授業時間が終わってしまうことも考えられる。生徒が主体的に授業を受けるために、挙手しないと発言できない授業スタイルを改善し、ペア学習を意図的に仕組んだ。課題追究後のペア交流では、調べ学習を終えてつくった自分なりの答えを交流する。ペア内で話す・聞くの役割が必要になるだけでなく、他者の意見を聞ける絶好のチャンスである。答えや考えに自信のない生徒は、仲間の意見を聞くことで、自分と同じであれば自信になる。また、考えがもてなかった生徒は、仲間の話から理解を深めて自分の考えをつくることもできる。ペア交流によって、一人ひとりに学びが生まれるだけでなく、話す自信や質問できる安心感も生み出せる。生徒たちが生きていく実社会は、決まった答えがあるわけでもなく、目まぐるしく世相が変わる状況下で最適解を導き出していかなければならない。他者と協働して議論したり判断したりする上で必要なコミュニケーション・スキルが必要になる。このようなペア学習は授業の中で行えるソーシャルスキル・トレーニング（SST）ともいえるだろう。また、ペア交流は生徒対生徒の学びになり、仲間との協働的な学びにもなり得るため有益である。

■ アゴラ教室で「主体的・対話的で深い学び」の実現

　最後に、岐阜市内の学校での事例を紹介する。現在、市内の全小中学校には「アゴラ教室」と呼ばれる議論に特化した教室が整備されている。アゴラは、古代ギリシャにおいてソクラテスやプラトンなどが日々討論し、弁証法や弁論術を磨いた広場に由来する。自由なレイアウトで組み合わせができる可動式テーブルや椅子、グループごとにホワイトボードが設置されている。これらを上手く活用することでワールド・カフェのように複数の知識や情報を持ち寄り、小集団での話し合い活動を通して自らが解答を探し求める学習が展開できる。前述した小集団学習の発展形であり、まさに「主体的・対話的で深い学び」を具現し、実社会につながる練習場になる。余談になるが、私が勤務する長森南中学校は、7年前に岐阜市で最初にアゴラ教室が整備された学校である。当時、市教育委員会の委託を受けて、アゴラ教室活用の授業モデルを構築した。当時、校内の研究推進委員長と岐阜市の教科等指導員を務めていたこともあり、校内外の先生方とアゴラ教室の可能性を模索したことを覚えている。本校では、協働的な学びのトレーニングとして役割分担を決めて授業を行っている。（**図**参照）これもSSTの一環であると考える。複数の役割を分担してチームとして学習（小集団学習）を行うが、自信のない生徒がいる場合は、複数で役割を担うなど、学びのチームを形成できる。**写真**を観ていただければ、生徒たちが主体的に議論していることを理解していただけるだろう。前述した通常教室での学びをアゴラ教室での学びとコラボレーションすることで、生徒たちは、自分のよさ・強みを発揮して自己肯定感が高まるだけでなく、誰かの役に立っているという自己有用感が高まることも期待できる。

　このような協働的な学びは、アゴラ教室がないと成立しないわけではない。お分かりのように、アゴラ教室がなくてもホワイトボードがあれば通常の教室内でもできる授業である。また、GIGAスクール構想の中、1人に1台タブレットがあるため、共有ホワイトボード機能なども代用できるだろう。アゴラ教室での授業が好きな生徒が本校は多い。「アゴラで話したり聞いたりするのが楽しい」「アゴラで授業がしたい」と前向きな意見が多く得られた。自己肯定感や自己有用感が育ちつつあるのだと感じている。現在、コロナ禍ではあるが、感染対策を講じながら、生徒の学びを止めないように、安心感も大切にする授業を考えていきたい。

アゴラでの小集団学習の進め方
～主体的・対話的で深い学びを実現するために～

STEP1　主体的な学び
　自分の考えを積極的に話す（伝える意識）
　仲間の考えに耳を傾けて聞き取る（理解する意識）

話す＝自分の考えを積極的に話す。
　　　　　聞き手に伝える意識が大切。
○自分が主張したいポイントはどこか、明らかにして話す。
　・「私は～だと考えました。
　　　なぜなら…だからです。」
　・「私の考えは○つあります。
　　　一つ目は～。二つ目は～。」

聞く＝仲間の考えをしっかり聞き取る。
　　　　　主張点を理解する意識が大切。
○仲間の考えと自分の考えを比較しながら聞くことで理解が深まる。
○理解することで、賛成・反対の自分の立場が明らかになる。
○疑問が出たら、積極的に質問する。

協働的な学習

司会者（グループリーダー）
○記録者・発表者の役割分担をする。
○全員の意見を引き出す働きかけを行う。
○論点をしぼって話し合うようにする。
○みんなが納得できる
　結論（合意）を出せるようにする。

記録者
○みんなの意見を記録する。
　・キーワードでまとめる。
　・線で考えをつなげる
※ホワイトボードを使う場合
　黒色＝考え
　赤色＝結論
　青色＝その他（質問した意見）

発表者
○話し合って出した結論を分かりやすく伝える。
○ホワイトボードなど自分たちの考えの足跡を示しながら伝える。
○質問があれば応答する。

STEP2　対話的な学び→深い学びの実現
　仲間と議論し合って、自分の考えを広げ深める

① **論点（視点）を明らかにする。**
　○小集団学習のゴールが何かを全員が分かっている。
　・今、何のために話し合っているのか。
　・何をやり遂げれば、小集団学習のゴールになるのか。

②A　**すぐに意見がまとまったら、結論を急がず、その意見を再度見直す。**
　○本当にこの意見が最善の考えなのか。
　・見落とした考えはないか。
　・矛盾したり、飛躍したりした考えではないか。

②B　**意見が対立したら、論点を整理し直す。**
　○今、何で対立しているか論点をしぼる。（なぜ議論が停滞しているのか。）
　・「～と…で意見が対立しているんだね。まず、～から話し合おう。」
　・「私は、～だと思います。□□さんはどうですか。」
　○みんなが納得するために、何を大切にするのか。
　　（優先すべきこと・重要なことは何か。）

自分たちが納得して導き出した結論（合意）

図　アゴラ教室活用の授業モデル

写真　アゴラ教室での学び（コロナ前）

協働的に学ぶ

アゴラでの発表。自信をもって語る子どもたち

　今回、教育相談と学習指導という視点で、自分自身の実践を再整理しつつ紹介させていただいた。現場の肌感覚ではあるが、前述したように困り感から自信がなかったり、悩んだりする生徒は多くなっている。今回の私のつたない実践が先生方のヒントとなり、教育相談の見方・考え方を生かし、生徒に軸足を置いた学習指導の具現につながれば幸いである。

（教諭　若原康司）

「学級活動振り返りアンケート」を活用した 生徒理解・教育相談活動

愛知県みよし市立三好中学校

■ 人との関わり合いを柱にした 教育活動を推進する三好中学校

本校は人との関わり合いを柱にした教育活動を推進してきている[1]。そこでは、生徒一人一人が安心・安全に過ごせるための居場所づくり[2]や授業における学び合いだけでなく、特別活動を中心に生徒が主体的に取り組む生徒会・学級活動、小学校や地域との異年齢交流活動、希望者を募り実行委員会を組織して運営される学校行事など、多岐にわたる場面をつくっている。これにより、今回の生徒指導提要（改訂）の「すべての児童生徒、多様な子どもたちを誰一人残さず、すべての教育課程で、チーム学校として……」と示されるように、多様な生徒一人一人が活躍でき、場面をつくり（絆づくり）、自己有用感及び「学校が楽しい」という思いを高めることでいじめ・不登校等の生徒指導上の諸問題への未然防止[3]を図っている。

そこで本校では、人との関わり合いの活動の中心となっている特別活動の振り返り（自己評価）アンケートを実施し、生徒の活動の様子を把握するように努めている。

特に学校生活の基盤となっている学級活動においては、アンケート結果をもとに分析シートを作成し、日常の指導や教育相談の場面など、学級集団及び生徒理解に役立てている。

本稿では、この学級活動分析シートを用いた生徒理解・生徒指導の様子を紹介する。

■ 学級活動分析シートの作成と活用

【学級活動分析シートの作成】

学級活動の振り返りアンケートは年間2回（9月、2月）、項目は以下（**図1**）の9項目（4件法）と記述項目（振り返りと今後の決意など）による回答で構成されている。

この9項目を3種類に分類し、学級活動における「充実度」と「主体性」の項目を抽出して数値化した個々の生徒を分布図にプロット（x軸＝主体性、y軸＝充実度　z軸＝人数）することで学級全体の傾向を捉えることとした。

No.	内容	分類
1	学級での係活動などの仕事を、自ら進んで行うことができましたか。	主体性
2	当番（給食・清掃・日直）の仕事を、責任をもって果たすことができましたか。	協調性
3	学級での活動など、自分勝手な行動をとらずみんなと協力して活動することができましたか。	協調性
4	学級でのきまり（ルール）を、守れましたか。	協調性
5	より良い学級にするために、活動内容を工夫したり、呼びかけたりできましたか。	主体性
6	学級での活動に、学級（友だちなど）の意見を取り入れるように努力しましたか。	主体性
7	学級活動は充実していましたか。	充実度
8	学級活動を（やりがいをもって）楽しむことができましたか。	充実度
9	学級活動を通して、日々の学校生活が良くなりましたか。	充実度

図1　学級活動振り返りアンケートの項目

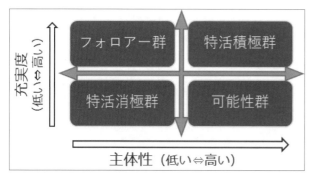

図2　分析シートの構成

　分析シートでは四つの象限をそれぞれ「特活積極群」「フォロアー群」「可能性群」「特活消極群」と位置付け（**図2**）、以下のように読み取ることとした。
A「特活積極群」（充実度：高い　主体性：高い）
　学級活動に対し、自分から進んで取り組むことで充実度を得ている状態。
B「フォロアー群」（充実度：高い　主体性：低い）
　学級活動は充実しているが、受動的に過ごしている傾向。この群が多数になると、学級全体の活性が下がる傾向がある。
C「可能性群」（充実度：低い　主体性：高い）
　主体的に学級活動に取り組むものの、期待した成果や評価など手応えを感じられず、充実度が低い（満たされない）状態。影響力のある生徒がこの位置にいることで、様々な影響を及ぼす可能性があるため注意が必要。
D「特活消極群」（充実度：低い　主体性：低い）
　学級活動に対して否定的（不適応）な反応を示している状態。個々の実態に即した早期対応が求められる。

【学年主任・担任との相談活動】
　こうして作成した分析シートは、担当者から学年主任へ情報提供し、学級全体の傾向や個々の生徒の様子について担任への伝え方を確認する。このようなデータの活用は捉え方によって大きく視点が変わってしまうので注意が必要である。学級活動分析

シートは生徒や担任の学級経営を評価するものではなく、生徒一人一人及び学級集団の充実した学級生活を目指すためのツールであることを徹底しなければならない。
　こうして、担当者から情報共有した内容を、学年主任を中心として担任と情報共有する。この際、トップダウンのように分析シートの内容を話すのではなく、同僚性をいかした教員同士の対話を通して個々の生徒の様子を見とることが重要である。特に、C「可能性群」D「特活消極群」に位置する充実度の低い生徒に対して批判的な視点で見るのではなく、それぞれの個性からどのような活躍の場が考えられるか、またどのような接し方をしたら良いかなどを語り合うことで複数の教員の意識に強く残り、前向きに改善するための行動につなげることができる。
　次に、実際に活用した事例を紹介する。

「主体性」と「充実度」から読み取る

　K先生は初めて中学2年生を担任することになった。K先生は教室環境や規律を大切にしながら一人一人の個性が生かされる学級を目指して取り組んでいる。
　6月はじめ、1回目の学級活動振り返りアンケートを実施した。4月の学級開きから5月末の体育祭に向けて、多数の学級活動での話し合い活動や体育祭練習を重ね、体育祭を終えた直後である。生徒同士、互いの様子を理解し始めた時期だった。
　6月の分析シート（**図3**）から、学級全体の様子を「全体として充実度・積極性ともに高い傾向にあり、担任の指導が生徒に伝わっている状態。一方でB「特活積極群」以外の生徒も複数いる。**特に生徒Aの今後は周囲への影響を考えても重要だと考え**

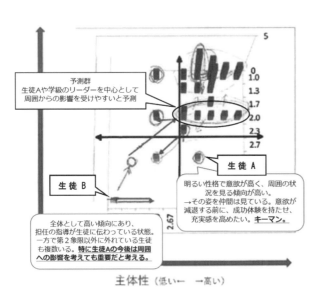

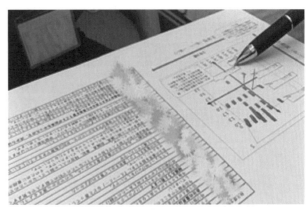

図3　6月（体育祭後）の分析シート

図4　学年主任と担任との面談の様子

る」と捉え[4]、学年主任がK先生と面談を行った。

　生徒Aは学年主任も昨年度から知っている生徒である。学級のリーダーではないものの、授業だけでなく学級生活全般においてもよく発言する明るく前向きな生徒である。そんな生徒ではあるが、このデータを見ると、前向きさ（主体性）は教員の印象と同様に高いが、充実度がそれに反して低い値となっている。これは学年主任、K先生の予想とは異なっていた。

　仮に生徒Aが充実度の低さから学級活動に対する主体性が失われることになると、消極的な発言が増える可能性が考えられる。その発言が学級内で増えることになると、多くの生徒に同様の影響を及ぼす恐れがある。逆に、この状態の生徒Aの充実度が満たされる状態になれば、この状態に近い生徒（図中「予測群」。「特活積極群」にいるものの、学級内を相対的に見ると低く位置している）の意欲向上につながる可能性もある。

　そこで、生徒Aの主体性が生かせるよう、発言の声を意識的に拾いあげて受け止め、仲間につなぐ担任の言葉かけの支援や、生徒Aの「やりたい」という場面、例えばリーダーシップをとろうとする場面

で周囲の仲間の反応が弱い時にサポートするなど、生徒Aの成功体験に導く支援を意識することにした。

主体性から得られる充実感

　6月以降、K先生は一つ一つの生徒Aの発言を意識して取り上げ、学級の仲間につなぐことを心がけていた。そして7月になると文化祭の合唱発表会（10月末開催）に向けて、実行委員会や合唱指揮者、伴奏者が決まっていく時期となった。生徒Aは、この頃パートリーダーに立候補した。パートリーダーは合唱練習を牽引する重要な立場であり、本人にとっても大きなチャレンジだった。

　9月末の分析シートの様子を見ると、生徒Aが大きく充実度を高める結果となった（**図5**）。

　影響を受けると予想した予測群の生徒の多くが同様の結果となっていた。その中には、後期図書委員長、学級副級長に立候補する生徒も見られた。

　この様子をK先生との対話では、生徒Aはパートリーダーとしてリーダーシップを発揮しながら頑張っている様子を聞くことができた。

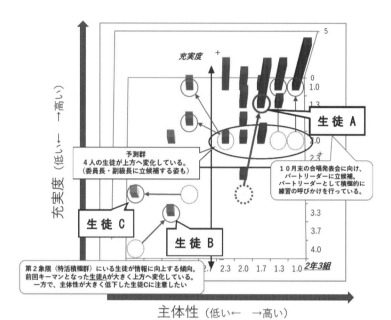

図5　9月末（前期末）の分析シート

的かつ前向きに見とり、協働して生徒の成長を支えていきたい。

（教諭　村瀬　悟）

［注］

1　平成26-27年度「魅力ある学校づくり調査研究事業」（国立教育政策研究所・みよし市教育委員会委嘱）、平成30-令和元年度「人との関わりを大切にし、チャレンジできる生徒の育成　―見つめ、深め、追及する活動を通して―」（みよし市教育委員会委嘱）

2　小中学校区での授業時のあいさつや主体的に学び合う姿、挙手の方法を共通化するなどを行った。

3　生徒指導の観点からは「発達支持的生徒指導」にあたる。

4　生徒Bについての検討も対話から行っているが、本稿では紙面の都合により割愛する。

まとめと今後の課題

　今回、分析シートの活用では概ね期待したような改善を図ることができた。一方で、D「学活消極群」に位置する生徒Cは主体性が前回よりも低下する結果となり、今後の課題となった。

　また、この手法は10年前から実施してきているが、データの処理、読み取り方、担任との対話については、極めて限られた担当者（特別活動主任など）のみが実施していた。今年度、改めて本手法を学級経営・生徒指導支援ツールとして誰にでも扱うことができるよう、整備を進めているところである。こういったデータを活用したツールの運用の容易さも課題の一つである。

　学級活動は学級経営・生徒指導の要である。そしてその学級生活は生徒自身の手で創り上げることで充実していく。生徒指導上の諸問題を未然防止するためにも、教員同士の同僚性を発揮し、生徒を客観

チームで協働的に支え合う教育相談の実践
「ひと・もの・こと」でつなぐ、動くチームづくり

岐阜県飛騨市立古川中学校

本校は、岐阜県北部の飛騨市古川町にある在籍生徒412名の中規模校である。本校には、市内3町（古川町、河合町、宮川町）の極小規模から中規模の4小学校（古川小・古川西小・河合小・宮川小）より生徒が通学している。学校教育目標は「自主・自律・協働」であり、この目標に向けて「ともに創る」を合い言葉として、日々の学校教育活動、地域活動に取り組んでいる。

心身に悩みや困難を抱える生徒たち

最近、生徒たちは全体的に落ち着いた学校生活を送るようになり、生徒指導事案も少なくなった。しかし、人間関係がうまくできない生徒や中学校の環境にうまく適応できない生徒、自己肯定感の低い生徒等、支援が必要な生徒は年々増加している。そして、これらが要因で不登校・不適応につながるケースも増加している。

さらに、新型コロナウイルス感染症への対応によって、生徒たちは思い切り表現・表出できない生活となった。この中で、ストレスを抱える生徒が増加してきた。保健室や相談室で「疲れた」とつぶやく生徒や無表情でうつむいて動かない生徒等、以前から多少いたものの、最近は特に目立ってきたと感じる。

まず全教職員が「目指す姿」を共有する

（1）目指す姿、育てたい資質・能力の決めだし

本校では、学校教育目標「自主・自律・協働」の姿、合い言葉、育てたい資質・能力を以下（図1）ように全教職員（保護者・地域にも）に示した。

これらは、前年度実施の学校評価アンケート、学力学習状況調査、CSポートフォリオ等の分析とコロナ禍における育てたい資質能力を参考に整理し、

飛騨市立古川中学校の教育目標

自主	自ら考え 判断し 行動する姿
自律	自ら目標をもち 粘り強く やり抜く姿
協働	仲間と協力して取り組む姿

合い言葉	育てたい資質・能力
ともに創る	**表現力・レジリエンス・創造力**

図1

根拠としたものである。これらを学校内外へと分かりやすく積極的に情報発信している。

（2）全教職員が同じ尺度で対応する

　生徒の悩みや困難に対して、それらを解決もしくは軽減することで個々の自己成長につなげたいという思いは全教職員にある。そのためには、生徒一人一人に合った支援をすることが必要である。支援方法はそれぞれでも、全教職員が同じ尺度（目指す姿、育てたい資質・能力）で対応することがより大切である。こうした目指す姿や育てたい資質・能力が共有されることで、教職員同士の日常会話や保護者との懇談の中でキーワードとして飛び交うようになることを願っている。

スペシャリスト（ひと）を活かすチームづくり

（1）スペシャルな役割の教職員

　本校は、教育相談面において岐阜県・飛騨市から専門性のある教職員の配置をいただいている。

　その中で特色ある教職員として、極小規模小学校から入学する児童の支援を担当する「生徒支援員（激増加配）」、不登校・不適応生徒の学習支援を行う、「スタディサポーター（主に五教科の教員免許保有の元教員）」が配置されている。

　前者は、学級10名以下の小規模小学校から、35名を超える学級に入ることで、不適応とならないよう学習面・生活面の見守り支援を行う（**写真1**）。

　後者は、学校内はもちろん、市内適応指導教室やこどもクリニック、時には不登校生徒の家庭へ訪問して学習支援（意欲を高め遅れを取り戻す）を行う。心身の状態が良くなって、教室に戻ることができても学習に遅れが出て二次障がいとならないように予防的支援も行っている。

写真1

（2）メンバーをつなぐコーディネーター

　県・市より配置されている生徒指導・教育相談面で関わる教職員は、スクールカウンセラーや相談員を含めると10名である。このスペシャルなメンバーをつなぎ、生徒一人一人を協働的に支えるチームづくりを進めるためには、コーディネーターが必要である。それを本務教員の生徒指導主事、教育相談コーディネーター（教頭）、教育相談主任（養護教諭）、特別支援教育コーディネーター（主幹教諭）が複数でその任を担う。4名のコア・メンバーは、毎日の出欠席の情報や相談室・保健室での生徒の様子を相談員や支援員と情報共有して関係職員へ発信する。支援の必要な生徒の対応を担任と関係教諭と協議し、保護者との懇談をコーディネートする。

「自己決定カード」（もの）でチームをつなぐ

（1）生徒の「自己決定」を促す取組

　本校では、これまで生徒の相談室利用については、生徒の登校時の心情や健康状態を踏まえて、ある程度生徒の思いを尊重していた。生徒の中には、1日中利用する者から1日1時間という者、午後のみ、

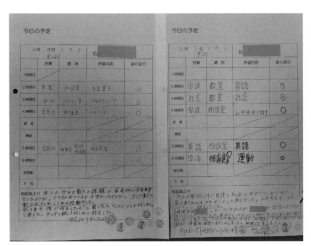

図2

放課後のみという者がいる。その日の状況によって利用の仕方が違う生徒もいる。教職員は、臨機応変に個々対応していたものの、確実に「学び」や「生活」の力を育成できていたかは課題であった。

そこで、4月の教職員ミーティングにおいて、相談室利用の生徒が時間割を自己決定し取組を振り返る「自己決定カード」（図2）を実施することとした。これによって、生徒が自ら記入し振り返ることにより自己達成感を味わわせるとともに、それに対して支援する教職員が評価の声かけをすることで、生徒たちの自己肯定感を高めることも目指した。

さらに、進路実現に向けた3年生は、○年後の自分を思い描く「夢ノート」を記入し、自分自身で中期・長期スパンを見通すことで、今やるべきことを考えるきっかけづくりも行った。

（2）生徒の言動の「見える化」

相談室利用生徒の「自己決定カード」は、生徒が振り返りを記入したのち、相談員・支援員に提出、コメントが記入された後、担任から関係教員そして校長まで回覧され、コメントを入れて相談員・支援員に返される。このカードによって、支援員、相談員からの日常的な情報集約されている生徒の生活の様子や会話の記録と合わせて、生徒の状況や教職員

の対応が一目で分かる情報の「見える化」によって、状況の共通理解と、今後の支援の徹底と継続という共通行動に確実につながっている。

「支援ミーティング」（こと）で チームを機動的に

（1）情報交流による共通行動の日常化

教育相談コーディネーターや教育相談主任が主催する「支援ミーティング」は、毎月定期開催するもので、4名のコア・メンバーと相談員・支援員が参画している。内容は、不登校・不適応生徒の継続支援による変化（成長）や悩みや困難を抱える新たな生徒の情報交流を行うものである。ここで話題となる生徒情報によって教職員の共通理解と共通行動につなげ、短期から長期スパンの取組の見直しも行われる。

さらに、特に支援を必要とする市内適応指導教室や通級学級に通う生徒について、市教委経由でクリニックからの情報もこのミーティングで交流される。

スタディサポーターから生徒個々の学習の進捗状況も伝えられる。こうして、あらゆる生徒情報が集まり、緊急時には、「ケース会議」の開催も決定される。

さらに、**写真2**のように、朝、コーディネーターや主任の一声ですぐに集まりディスカッションを進める日常的で機動的な動きもみられるようになった。

（2）全教職員への情報開示と次の一手の指示

「支援ミーティング」における情報や決定事項は、毎週行われる「終礼」で全教職員に報告・徹底される。緊急対応の場合は、休み時間や昼休み、放課後に全教職員が集まり、対応を協議することもある。どのような事例でも、必ず生徒の目指す姿の明確化と見通しの共通理解を進め、絶対に担任や学年を孤

写真2

写真3

立させない、全教職員がチームとなって対応することを押さえる。

　さらに、主任・主事から発行される通信も情報開示と次の一手への大切な手段である。主幹教諭から「つなぐ」と生徒指導から「じぶんらしく」が、毎月１回以上のペースで発行されている。本校は若手教員が多く、こうした支援の情報満載の通信から学ぶことで、学級経営や授業経営に活かしている。

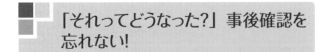

「それってどうなった?」事後確認を忘れない!

　全ての生徒・教職員がかけがえのない存在であり、誰一人悲しい思いをさせない学校経営を進めていきたいと考えている。生徒指導・教育相談事案は、教職員が「ワン・チーム」となり協働的に支え合い対応・対処することが必要である。そして、様々な諸事案は学校だけでは対処できないことをしっかりと受け止め、地域や関係諸機関との連携を強化する。こうした動きがチームをより組織的・機動的に機能させていくと考える。

　そこで、全教職員と大切にしているワード「事後確認を忘れない」である。「長く休んでいた生徒が本日登校しました」に対して、「よかった」は誰でも言える。生徒の１日の様子を複数の目で観て、どうだったかの事後確認が自然発生的に情報交流できる教職員集団でありたい。生徒は「かけがえのない存在」である。**写真3**は、今年度行われた体育祭のワンシーンである。学級対抗リレーが終わり、アンカーとその他の生徒が地域住民や保護者、教職員に向けて「走りきったぞ!」を表現した、自然発生したパフォーマンスである。そんな自然に自己表出できる生徒を育てるために、チームで協働的に支え合う教職員集団でありたい。

（校長　中村裕幸）

校内の教育相談活動を活性化させるための
きっかけづくり

東京都江戸川区教育委員会

悩める子どもたちと
どのように向き合うか

　東京都23区の東側に位置する本区は、約4万8000人の子どもたちが区立小・中学校に在籍しており、日々様々な教育活動に取り組み、楽しく活発に学びや交遊に勤しんでいる。しかしながら、自分自身や家族、友だちのことで悩みを抱える子どもたちは少なくないのも現実である。

　そのような中、学校では、悩みを抱える子どもたちや保護者の声に親身になって耳を傾け、子どもの心身共に健やかな成長、自立の力を育む生徒指導、支援に日々尽力している。

　「生徒指導提要」はそうした学校の生徒指導（東京都では、「生活指導」）の基本書である。本年度改訂された本書で、「第1章　生徒指導の基礎」において「生徒指導の定義」と「生徒指導の目的」が明確化された。特に、子どもたち一人一人の状態に応じて適切に指導・支援することにより子どもたち自身の力で自己実現できる力を身に付けさせていくという生徒指導の方向性がよりはっきりと定められた。

　本改訂では、教育相談が改めて生活指導の一環として位置付けられており、その重要な役割から、生活指導と教育相談を一体化させ、全教職員が一致して取組を進めることの重要性が示されている。

　中でも注目すべき点は、「大切にすべき姿勢」として示された次の3点である。

① 　指導や援助の在り方を教職員の価値観や信念から考えるのではなく、児童生徒理解（アセスメント）に基づいて考えること。

② 　児童生徒の状態が変われば指導方法も変わり、あらゆる場面に通用する指導や援助の方法は存在しないことを理解し、柔軟な働きかけを目指すこと。

③ 　どの段階でどのような指導・援助が必要かという時間的視点をもつこと。

　この3つの視点は生徒指導、教育相談を進める上で、意識し続けたい姿勢であると考える。

　本区の若手教員研修も、教育相談の根幹として、次の3つの「傾聴」を大切にするように伝える。

① 　腑に落ちるまで聴く

② 　能動的に聴く

③ 　主観的な世界を聴く

　この姿勢を大切にしながら子どもや保護者からの情報を得て、それを基に、その悩みの要因を探り、適切な時期、段階に、適切な指導・助言をしていかなければ、学校の指導・助言が子どもや保護者をより一層深い悩みに陥らせてしまうおそれもあるから

である。

　同様に、特別支援教育に関わる研修においても、「大切にすべき姿勢」をもたずに、子どもたちの表面化している問題のみに着目した指導・支援を行っても、根本的な解決にならないこと、問題の背景を探って改善していかなければ指導・支援の真の効果が表れないことを伝えている。

　さらに、特別支援教育校内支援委員会（以下「校内委員会」）では、会議を行っても情報共有で終わったり、支援方針を決めても、その指導・支援等の実践を見直したりすることは少なく、結果として、担任や養護教諭など、子どもと関係ができている教員にその支援のほとんどを委ねてしまう場合がある。そのため、担当した教員は、責任感から自身でその悩みを抱え込み、なかなかよい方向性が導きだせないまま、状況が改善せず、むしろ悪化してしまっていることもある。

　その状況を生み出しているのは、前述した教育相談の「大切にすべき姿勢」を踏まえて、悩みを抱える子どもたちの情報を正しく整理できていないことが要因であると考える。

　例えば特別支援教育では、「個別の教育支援計画」（東京都では、「学校生活支援シート」）及び「個別指導計画」を保護者とともに作成し、目標を決め、その指導・支援の状況を定期的に評価し、その都度改善を行っている。

　しかし生活指導・教育相談に関わる指導・支援について、そのような個別指導計画・支援シートを作成しているところはまだ少ない。

　そこで、生活指導担当の校長先生と話し合い、**図1**のようなシートを作成し試行してもらった。

　本シートは、子どもや保護者からの相談内容を基に、その要因及び目標・支援策（短期・中期・長期）を整理したものである。このシートを活用する中で、先生方がそれぞれの立場で情報を集め、それを集約していきながら、多角的な視点で話し合い、

図1　生活指導・教育相談の個別指導計画・支援シート

どの要因に対してだれが、どのように指導・支援をしていくかを決めていくことができた。

　また本区では、「hyper-QU　よりよい学校生活と友達づくりのためのアンケート」（図書文化社）を導入しているが、今後は、その情報も活かしながら、**図1**のシートを参考に各学校において、先生方が話し合い、多角的な視点で子どもたちの悩みを見とり、適切な指導・支援を図れるよう進めている。

■ 背景となる要因に様々な視点から対応する

　生徒指導提要では、悩める子どもたちの背景として、今日的な社会問題から社会福祉、精神保健、医療、法律と多岐にわたる視点を示している。

学校ではこれらの視点から要因を探り、指導・支援を導いていくことになる。しかしながら当然、教員はそれぞれに関する専門的な知見を有しているわけではなく、日々の業務を行う中でその要因を多角的に見ていくことになるため限界もある。

そこで本区では、令和2年度より多角的な視点をもつため「生活指導連絡協議会」を設置している。本連絡協議会は、児童福祉法に基づく「要保護児童対策地域協議会」に位置付けており、学校と児童相談所、区内警察署が連携し、各学校における生活指導上の諸課題について、報告・連絡し協議を行っている。このことにより、学校は生活指導上の課題や相談に対して、様々な視点から要因を探り、教育相談活動に取り組めるようになった。

一方で、各学校において抱える課題が違っているという現実もある。そこで本区としては、その対策として、各学校にスクールカウンセラーを配置するとともに、区独自施策として全中学校区にスクールソーシャルワーカーを充当し、全小中学校を巡回して、子どもたちやその家庭を支援する体制を整えている。

スクールカウンセラーやスクールソーシャルワーカーが積極的に校内支援委員会等に参加することで、生活指導と教育相談の一体化がより充実し、悩める子どもたちの背景となる要因を多角的に見とることができている（**写真1**）。

多様な子どもたちの居場所づくりと支援体制の構築

今後の課題としては、定期的に開催している校内委員会が、情報共有で留まらず、その指導・支援の評価・改善を図れるようにしていくことである。

「校内の居場所づくり」としてエンカレッジルームを設置している（**写真2**）。この部屋は、不登校やその傾向のある子ども、友だち関係で悩む子ども、集団活動になじめない子どもなど様々な状態の子どもたちの居場所づくりとして、各学校が創意工夫を凝らし、教育相談的な支援の場として活用している。

今日、このような支援の場は、学校内にだけに求められるものではなくなっている。「義務教育の段階における普通教育に相当する教育の機会の確保等に関する法律」では、やむを得ず学校に通えない状態にある子どもたちの教育機会の確保に努めることが示されている。本区では、「江戸川区立学校における不登校児童・生徒の出席の取扱いに関するガイドライン」（平成31年4月）を定めている。

本ガイドラインでは、やむを得ず学校に通えない状態にある子どもたちが様々な学習形態を活用できるようになってきた状況に応じて、学校が子どもたちの出席の取扱いについて適切な判断を行うことが

写真1　校内支援委員会の様子

写真2　エンカレッジルーム

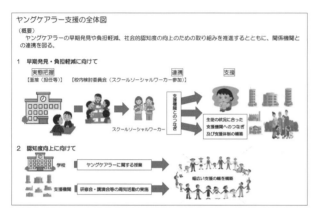

図2　ヤングケアラー支援の全体図

できるようにしている。これも、教育相談の考え方に基づいた支援であると考えている。

　学校の支援を充実するには場だけではなく、それを支える確固とした制度やネットワークも必要である。本区では、「江戸川区子どもの権利条例」（令和3年7月　江戸川区）を制定し、学校だけでなく、区全体として、子どもたち一人一人が有する権利を大切にし守っていくための施策を展開している。

　昨今大きな課題となっているヤングケアラーについても、本年度は、区立中学校の全ての子どもたちを対象に担任等による全員面接を行い状況を把握した上で該当する子どもに対して児童相談所やスクールソーシャルワーカーがネットワークを組み、支援体制を構築している（**図2**）。

校内の教育相談活動を活性化させるための教育行政の役割

　図3は、教育指導課が様々な教育課題について、情報発信している資料の一部である。

図3　教育指導課ニュース「ONE STEP TWO JUMP ～共に学び　共に進む～」

　学校がどのような課題に直面し、どのようなことに悩み、どのように解決に向けて努力しているか等を適時的確に把握しながら、情報と対策を提供している。教育行政においても、生徒指導提要の「大切にすべき姿勢」を保ちながら、学校の教育相談の活性化のきっかけづくりに努めていきたい。

（統括指導主事　百々和世）

生徒指導と教育相談が一体となったきめ細やかな支援のために

神奈川県逗子市立沼間中学校長
小野　憲

生徒指導の構造理解とバランスのとれた生徒指導を

「生徒指導」は、これだけ「支援」が強調されるようになった今でも「問題行動に対する指導」「強い指導」「怖い」といったイメージを持つ人が多い。学校現場の人間であってもである。今回の改訂案で、生徒指導の定義は、「児童生徒が、自発的・主体的に成長や発達する過程を『支える』教育活動」（一部抜粋）とされた。また、生徒指導の構造は、**図1**、**図2**のように2軸3類4層構造で示されている。生徒指導が支援と一体であることがよくわかる。偏ったイメージが払拭されることを期待する。

さて、改訂に当たり意識されたことの一つに、目前の問題に対応するといった課題解決的な指導だけではなく、「成長を促す指導」等の「積極的な生徒指導」を充実させるというものがある（生徒指導提要の改訂に関する協力者会議「生徒指導提要の改訂にあたっての基本的な考え方」より）。

この積極的な生徒指導に当たるのが、**図1**の中の、「発達支持的生徒指導」および、課題予防的生徒指導の中の「課題未然防止教育」である。これらは従来「成長を促す指導」として一層で扱われていた。ところが、意識して取り組まれた実践の多くは、「課題に対する未然防止の取組」であった。そこで、教員が本来大事にしてきた集団の質を上げることで個も育てようとする集団指導を、より意識した中で実践してもらうことを期待して、取組を二層に区別し整理したものといえる。

そもそも諸課題が「生まれにくい」集団づくりと、同じく全ての子どもたちを対象にしながらも、より個別の課題や個々の子どもを意識した教育とをバランスよく行っていくことで、児童生徒の成長発

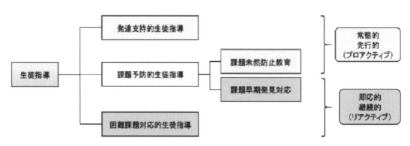

図1　改訂案第1章「生徒指導の構造」より抜粋

生徒指導と教育相談が一体となったきめ細やかな支援のために

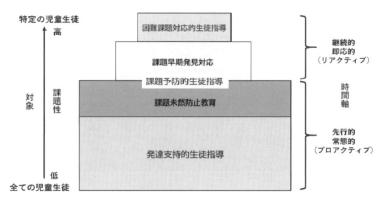

図2　改訂案第1章「生徒指導の構造」より抜粋

達過程へのより効果的な関わりとなっていくことが期待されている。学級集団を単なる個の集合体にしないためにも、この集合体自体の成長発達を促して「温かなつながりのある集団」に変えていくために、全ての教員が本来の役割である「発達支持的生徒指導」を同僚性の高いチーム学校によって実践することである。それを土台とし、その上に「課題予防的生徒指導」や「困難課題対応的生徒指導」の実践をチーム多職種で重ねていく、バランスのとれた生徒指導が求められている。学校現場ではしっかりと生徒指導の構造とそれぞれの層における教員としての役割を意識したい。生徒指導と教育相談とが別物であってはならない。

生徒指導を教育活動に「溶け込ませる」

　生徒指導は、「教育課程の内外を問わず、学校が提供するすべての教育活動の中で……」とその目的の中で記載されている（改訂案第1章「生徒指導の基礎」より抜粋）。しかし現状、多くの学校現場では、あらゆる学校教育活動に生徒指導が「溶け込んでいる」状態ではないだろうか。それを「溶け込ませている」状態に持っていきたい。つまり、意図的、計画的な生徒指導を実践していきたいのである。それこ

そが実効性のある取組への近道なのではなかろうか。
　例えばこんなことも考えられる。学校経営方針を前年度の内に見直しを始める校長先生も多いことと思う。より学校の実態に合った経営方針を立てたいと願うのは管理職として当然である。生徒指導の目的は、子どもの「健全育成」であるが、それを各学校は学校目標の達成を通して図っていこうとしている。従って、学校教育目標と生徒指導とは乖離したものではなく、むしろ親和性が高いはずである。そこで、学校経営方針を生徒指導の視点で整理してみてはどうだろうか。今回の改訂案では、前述の通り生徒指導が2軸3類4層構造で示されている。この構造に合わせて学校経営方針を整理すると、自校の実態に合わせ、どの部分に力を入れる必要があるのかが明確になるだけでなく、それぞれの軸や類、層を意識した具体的な取組を学校内で共有しやすくなるのではないだろうか。まさに、意図的計画的に生徒指導を「溶け込ませる」ことになる。改訂生徒指導提要を教育現場で日常的に活用していってもらいたい。

Profile

おの・あきら　神奈川県にて特別支援学校、小学校、適応指導教室、中学校の教員を経て、指導主事、学事指導担当課長として逗子市教育委員会に勤務。平成31年度〜令和3年度、文部科学省初等中等教育局児童生徒課　生徒指導調査官。国立教育政策研究所生徒指導・進路指導研究センター総括研究官。令和4年度から現職。

実践×研鑽×癒しを１冊で叶える多彩な連載

連載ラインナップ

▶ニューノーマル時代の教育とスクールリーダー

●異見・先見 日本の教育〈各界著名人によるリレー提言〉
＊教育は、どこに向かうべきか。識者による骨太の論説で学校経営のヒントを提供。

●直言 SDGs×学校経営〜ニューノーマル時代のビジョンと実践〜／住田昌治 (学校法人湘南学園学園長)
＊学校の日常をSDGsの視点から見直し、これからの学校経営の進め方を提言。

●ニューノーマルの校内研修／村川雅弘 (甲南女子大学教授)

●誌上ワークショップ！ 目からウロコの働き方改革／〈リレー連載〉澤田真由美 (先生の幸せ研究所代表) ほか

▶次代に向けた授業イノベーション、今日からの第一歩

●"普通にいい授業"を創る／奈須正裕 (上智大学教授)
＊資質・能力ベイスの授業づくりをこれからのスタンダードにする知恵とワザを伝授。

●学びの共同・授業の共創／佐藤雅彰 (学びの共同体研究会)
＊誰一人取り残さない協同的な授業と教師の学び合いについて、実践例をもとに考える。

●未来を切り拓く総合的学習〈各地の学校の取組み紹介〉
＊先行き不透明な時代に一筋の光となる「総合」の学びを探る。

●子どもが創る授業Ⅲ／西留安雄 (授業改善アドバイザー) ×授業実践者

●生徒指導の新潮流／伊藤秀樹 (東京学芸大学准教授)
＊12年ぶりに「生徒指導提要」が改訂。注目の新視点や手法は？

●実践先進校レポート〈各地の学校の授業ルポ〉

▶とことん現場目線 教師のホンネ・学校の日常に迫る

●教師生活が楽しくラクになる 魔法の作戦本部／諸富祥彦 (明治大学教授)
＊がんばりすぎて消耗している先生方に送るポジティブヒント。

●玉置崇の 教育放談／玉置 崇 (岐阜聖徳学園大学教授)

▶学校現場発！ 校長の流儀 ＋ 若手教師の叫び

●校長のお部屋拝見〈校長によるリレーエッセイ〉

●聞いて！ 我ら「ゆとり世代」の主張〈20・30代教師によるリレーエッセイ〉

▶視点がひろがる、学びが得られる、心癒される —— とっておきアラカルト

●"ふるさと"と私〈各界著名人によるリレーエッセイ〉

●「こころ」を詠む／髙柳克弘 (俳人)

●「教育漫才」笑劇場／田畑栄一 (埼玉県越谷市立新方小学校長)

カラーグラビア

◆インタビュー・子どもを変える神コーチ
＊様々な分野の「教える」達人を訪ね、子どもの生き方、心に変化を起こす極意に迫る。

◆時空に遊ぶ〜曼荼羅のいざない〜／フミ スギタニ (ペン画作家)

◆一街一夜物語／中村勇太 (夜景写真家)

◆わが校自慢のゆるキャラ紹介

＊特集タイトルは変更になる場合があります。

■読者限定WEBスペシャル・コンテンツ

✓ Vol.○のイチ押し——ここ読んで!
✓ 実践者からのメッセージ
✓ 学校だより・学級だよりにつかえる「今日は何の日?」
✓ 学級だよりに役立つカウンセリング・テクニック
✓ 直近 教育ニュース・アーカイブ　ほか

＊各巻掲載のQR・URLからアクセスしていただけます。巻ごとに異なる内容です。

●お問い合わせ・お申し込み先
㈱ぎょうせい
〒136-8575 東京都江東区新木場1-18-11
TEL：0120-953-431／FAX：0120-953-495
URL：https://shop.gyosei.jp

思い出のビーチハウス

総合内科専門医・法務省矯正局医師

おおたわ史絵

東京の下町、葛飾区で生まれ育った。医大生時代にひとり暮らしをするまでそこで過ごした。

「へぇ、情緒がありそうね。映画の『寅さん』みたい」と言われるのだけれど、それがそうでもない。

下町のなかでも新しめの町なので、昔ながらの風情はなく、アジア系の人たちが行き来するような雰囲気。"下町" よりも "ダウンタウン" の呼び名が似合っていた。

パチンコ屋さんの大音量のジャラジャラが町のBGM。夕刻には繁華街のネオンが夜空を染めた。

学校帰りには、黒蝶ネクタイの客引きのおじさんが「よう、お嬢ちゃん。いま帰りかい？」

といつも声をかけてくれた。さながらお抱えの用心棒のよう。おかげで私は町で危ない目に遭ったことがない。

まぁありがたいと言えばそうなのだけれど、その環境とは正反対の爽やかな生活への憧れはたいそう強かった。

たとえばカリフォルニアの青い空！ キーウェストのまっすぐに続くオーバーシーズハイウェイ！ なんて素敵な世界なの？ と、うっとりしながら海外ドラマに見入っていたのは、多感なミドルティーンの頃の甘酸っぱい思い出。

そんなある日、突然父親が「海の見えるリゾートマンションを買う」と言い出した。

内科医だった父は仕事人間のカタブツ。広島出身で戦争で苦労もしていたために、とにかく倹約家。「鉛筆は持てなくなるまで使う、靴下を買い替えるのは穴が開いてから」が家訓であった。

リゾートマンションなんてそんな贅沢な買い物とは無縁だとばかり思っていたから、これには正直驚いた。

今にして思えば、父も多忙な毎日に少し疲れていたんだろう。生まれ故郷の広島の海にはなかなか帰るチャンスもなかったから、そのかわりに海の見える部屋で息抜きをしたかったのかな。

車で小一時間ほどのところにその部屋はあった。神奈川県逗子市。

海沿いの道を走りトンネルを抜けると、目の前には江

の島が見えた。その向こうには富士山が拝めた。

　当時鳴り物入りで建設されたリゾートはまるで南国のごときオーラを放っていた。高くから葉を伸ばすフェニックスの木々、併設されたヨットハーバーには白い帆たちが陽を受けてキラキラと輝いていた。そこに軒を並べるサンタモニカ風の白い壁のリゾート建築は、地元ダウンタウンではまずお目にかかれないものだった。

　私が一瞬で虜になったのは言うまでもない。だってそこはかねてから憧れていた、あの映画の中のビーチハウスそのものだったんだから。

　それからというもの、夏の父の休暇には必ず逗子で過ごすのが恒例となった。晴れた夏の日に潮風を頬に受けながら缶コーラを飲めば、気分はもうカリフォルニアのサーファーガールだ。実際にはサーフボードなんて触ったこともなかったんだけれど（笑）。

　そうしていつしか私の夏の思い出は逗子の海と空の色とともに彩られていった。

　我が家は母が長く持病を患っていたこともあり、父娘の仲は良かったほうだと思う。ビーチの部屋でふたりでスイカにかじりついたり、水着を洗ってベランダに干したりしたのをよく覚えている。

　普段は白衣姿で"先生"の顔をしている父だったが、そこにいる時は不思議と子供みたいな表情になった。

　いつだったか、浜から海パン一枚で戻ってきたかと思えば、手にはバケツいっぱいの小さな貝を抱えていた。たぶんオダマキだったと思う。

　食べるつもりではなかったようだが、砂を掘っているうちにどんどんと貝が出てきて楽しくて止まらなくなったのだとはしゃいでいた。まるで仔犬みたいだ。

　そんな微笑ましい記憶をくれた父はもういない。とうに天国へと旅立った。哀しみを超えて私も大人になった。

　それでも時に心に疲れを覚えると、私は逗子の部屋に足を運ぶ。なんとなく、あの頃の父が笑って迎えてくれるような気がするから。

● Profile ●

おおたわ・ふみえ　筑波大学附属高等学校、東京女子医科大学卒業。内科医師の難関、総合内科専門医の資格を持ち、多くの患者の診療にあたる。近年では、少年院、刑務所受刑者たちの診療にも携わる数少ない日本のプリズンドクターである。現代社会の流行から犯罪医学まで幅広い知識はテレビメディアでの評価が高く「信頼できる女性コメンテーター第1位」にも選ばれている。主な出演に「情報ライブ ミヤネ屋」（日本テレビ系）など。近著は『プリズン・ドクター』（新潮社）

知らないことに心を開く ダイバーシティ&インクルージョン

同性カップルの弁護士夫夫

僕は弁護士をしている。大阪の南森町で、同性のパートナーで同じく弁護士の吉田と「なんもり法律事務所」を開設している。「なんもり」というのは、事務所がある南森町（みなみもりまち）の愛称。弁護士は僕と吉田の夫夫二人だけ、スタッフは近所に住んでいる僕の母。家族経営の小さな事務所だ。

僕と吉田が出会ったのは、2000年の夏、僕が23歳で吉田が22歳、二人とも京都大学の大学院生だった。僕は農学部、吉田は法学部、同じ高校出身のひと学年違いだった。2001年の春に僕は就職し社会人になったが1年で会社を辞め、吉田と二人で司法試験の勉強を始めた。僕は自分が同性愛者で、吉田と同性カップルであることを、ずっと隠して生きていくつもりだった。組織に属さなくていい弁護士になって二人で事務所ができたなら、同性愛者であるとか、同性カップルであるとか、いちいち説明することなく一緒に仕事ができる、と思った。

僕は吉田と出会う1年ほど前、父が亡くなったことをきっかけに、母に同性愛をカミングアウトした。母の反応は、「あなたが同性愛であるはずがない。同性愛だなんて不幸せになることを言わないで」というものだった。僕はとても傷ついた。でも母からすれば、それは僕のことを大事に思うからこそだった。それから10年くらい母と僕はギクシャクしていた。

母にとっての僕たちの結婚式

2007年に吉田が、2009年には僕が弁護士になった。それぞれ別の事務所で仕事をしていた2011年の春、僕と吉田は、友人や職場の仲間の前で結婚式を挙げた。母も結婚式に参加した。

母は今になってそのときのことを「結婚式と聞いて、後戻りできない悲しい気持ちになった。来てくれと言われてしまったから、留袖も着ずに普段着で渋々参加した。でも会場に着いたら、子どものときから知っているあなたの友達もたくさん来ていて、二人のことをお祝いしてくれていた。それを見てあなたが同性愛者であることや、二人が幸せであることがやっと理解できた。なかなか受け容れられなくて悪かったと思った」と話してくれる。そして僕がカミングアウトしたときのことも「だって同性愛のことを本当に知らなかったから。受け容れたいと思っても、同性愛なんて学校でも教わらないし、どう理解していいのかわからなかったから」と言う。

吉田は中学1年生のときにお母さんを、僕と知り合う半年ほど前にお父さんを亡くしている。母は「四人の親のうち、二人と一緒に過ごせるのが私だけというのも申し訳ないから」と、自分の家の仏壇の横に、僕の父だけでなく、吉田のお父さんとお母さんの写真も飾っている。僕と吉田は結婚式を機に同性愛を隠さない生活になり、2013年に二人で事務所を開設し、そして今に至る。

「僕は同性愛者です」と僕は言う

2017年、僕と吉田を主人公にしたドキュメンタリー映画『愛と法』が東京国際映画祭で作品賞を受賞し、翌年に全国の映画館で上映された。今年2022年5月には、今の僕と吉田を撮影した「僕たち弁護士夫夫です」というドキュメンタリー番組が、NHKのBSプレミアムで放送された。普段通りの僕らの姿と日常が、そんなに特別なことなのかと

南　和行
弁護士

複雑な気持ちにもなる。でも、映画やテレビを見た人から温かい感想をもらうと、ありのままの僕らを受け容れてくれたことに対して、「ありがとうございます」と思う。

僕のところには、全国各地の自治体や学校、大学そして企業から「同性愛者の弁護士として、マイノリティの悩みや、性の多様性と人権の話をしてください」という講演の依頼がたくさんくる。講演で僕は、できるだけ自分自身の話をする。同性愛は隠している人がほとんどで、僕が講演に呼ばれるのは、同性愛が珍しいからではなく、同性愛を隠していないことが珍しいからだということを話す。

あなたの身近なところにも同性愛の人はいるかもしれない。その人はなぜ隠しているのだろう。そして大阪からやってきた僕は、なぜ見ず知らずの皆さんに向かってわざわざ「僕は同性愛者です」と言うのだろう。同性愛かどうかなんて言わなければわからないことなのに。

僕が子供の頃、同性愛のことを大っぴらに話すなんて、考えられないことだった。男性の同性愛を表すカタカナの蔑称は、人をいじめたりからかったりするときに使われていた。学校の先生ですら同性愛を揶揄する冗談を言った。テレビのバラエティ番組や雑誌の漫画では、腰をくねらせ手を頬にあてる仕草をする男性が同性愛者として描かれ笑いのネタにされていたし、ワイドショーや週刊誌では、「同性愛疑惑」として著名人の私的な交友関係が暴露されていた。HIVとエイズという社会問題まで、外国から持ち込まれた同性愛者が感染する病気だという誤った情報を多くの人が信じていた。

こんな風に社会のあらゆるところで同性愛は否定されていた。同性愛者が孤立して社会から排除されるのはしょうがないというのが世間の常識だった。

でも社会がどんなに同性愛を否定し排除しても、同性愛を世の中から消すことはできない。同性愛は、自然と芽生えた恋愛感情や性的関心が自分と同じ性別に向くという事実についての話だ。その事実は、本人ですら消すことはできない。

「『僕は同性愛者です』と言うことに、特別な意味があることこそが、社会から否定されている現実のあらわれです」と僕は言う。

僕が僕の同性愛を受け容れるまで

僕は小学生の頃には、「遠足で同じグループになりたい」「もっと一緒に遊びたい」という特別な気持ちを同性の同級生に抱いていた。同性愛という言葉はまだ知らなかったが、その「特別な気持ち」は好きという感情、恋のときめきだった。中学生になり第二次性徴が始まると、自分の身体の変化よりも同性の同級生の身体の変化や特徴ばかりが気になった。

高校生のとき毎日時間を合わせて一緒に帰る同級生がいた。もちろん男の同級生だった。その同級生からある日、「俺、告白された女子と付き合うことになったから、明日からは一緒に帰れない」と言われた。耳の奥で除夜の鐘がガンガン高速で鳴る気持ちになった。その女子に対する嫉妬や怒りで顔が赤くなったかもしれない。でも妙に明るく「モテモテやん！」と笑って手を振ってバイバイをして、僕のほうから背を向けて帰った。ドラマや歌詞に出てくる失恋そのものだった。

高校生のときはもう同性愛という3文字を知っていた。辞書をひけば「同性愛－同性を好きになるさま」と書いてあった。だから僕は恋愛感情や性の関心を自覚するほどに「もしかして僕は、同性愛者ではないか」と考えるようになっていた。でも同時

に、いろんな理屈をつけて、自分の同性愛を否定しようとした。「僕はいわゆる奥手なだけじゃないか」「僕はスポーツが苦手だから運動部のアイツに憧れているだけじゃないか」「女子から告白されたら、きっと女子への恋に目覚めるはずだ」とか……。性教育や保健体育の授業で「第二次性徴が来て思春期の頃になると、男子は女子に、女子は男子に興味を持ちます。それは普通のことで恥ずかしいことではありません」と教わったことも、自分の同性愛を否定する拠り所となった。

けっきょく僕は大学生になって一人暮らしをし、普及しだしたばかりのインターネットを通じて自分以外の同世代の同性愛の人と出会い、そして同性同士の性体験をするまで、自分の同性愛を受け容れられなかった。しかもそのときの僕の感想は「あぁ、やっぱり僕は同性愛者だったのか」というあきらめだった。ただ同性愛の友人が少しずつ増え、自分を隠さずにいられる人間関係が少しずつ広がる中で、否定してもしょうがないという程度には、自分の同性愛を肯定できるようになった。ちょうど二十歳の頃だろうか。

とはいえ「僕は同性愛者です」などというのは、人に言うべきことではなかった。特に家族や地元の友達のように昔からの自分を知っている人に、それを伝えることは、それまでの人間関係の全てが嘘だと言うようなものだった。同性愛を受け容れてほしいと期待するほうが厚かましいとすら思った。だから家族や地元の友達ほど、万全に隠し通すよう気を遣った。

「世の中と折り合いを付けながら、上手に隠し続けること」が、同性愛者の正しい生き方になってしまうのは、社会に差別と偏見があるからだ。そんな理屈よりも僕にとって大事なことは、今の自分の居場所を失くさないことだった。ふとした拍子に同性

愛がバレただけでも、同性愛を否定する人からは遠ざけられ、気が付いたら孤立し、やがては自分の居場所を失うだろう。差別と偏見がおかしいと正論を言って抗ったところで、学校で教わらないとか、男女の恋愛が普通だとか、同性愛には子供ができないとか、もっともらしい反論がされるだけだ。自分の同性愛を受け容れた後も、僕はそう考えていた。

基準や正解を探すことは

僕は行く先々の講演で、こんなことを話しながら、聞いている人の顔をできるだけ見る。特に、学校の先生に向けた講演のときは、10代の僕が自分のことを話すしかないと思ったとしたら、どの先生に相談するだろうと想像を巡らせる。

講演終わりの質疑応答で、「LGBTQの生徒への対応として、できる・できないの基準を教えてください」「こういうLGBTQの生徒には、どう接するのが正解ですか？」という質問をする先生はとても多い。「今、先生が言う生徒さんがどんな子なのかを僕は知らないし、そもそも基準や正解はないことだと思います」と答えるよりほかない。それでも「私は当事者じゃないし、わからないから聞きたいんです。基準がわからないと相手を傷つけてしまわないか心配なので教えてもらいたいんです」と食い下がる先生もいる。

その先生は「当事者の弁護士さんがこう言っていたから、こういう対応をする」という形が整えば生徒は傷つかないとでもいうのだろうか。もし僕が生徒で、そんな風な基準と正解を言われたら、自分が一致しないどこかに気づいて、「あぁ、やっぱり自分は、ここには居られないんだ」と思ってしまうだけだ。

●Profile

みなみ・かずゆき　1976年大阪市生まれ。京都大学農学部卒、同大学院修了、大阪市立大学（現大阪公立大学）法科大学院修了。弁護士（なんもり法律事務所、大阪弁護士会所属）。民事事件を中心に、離婚や相続そして戸籍など家族に案件を多く取り扱う。「一橋大学アウティング事件」の原告代理人や「ろくでなし子事件」の弁護人を務める。松竹芸能に所属するタレント弁護士（文化人）として、テレビの報道番組への出演や、映画やドラマの監修、そして執筆と幅広い活動をしている。著作として『同性婚−私たち弁護士夫夫です−』（祥伝社）、『僕たちのカラフルな毎日』（共著、産業編集センター）、『夫婦をやめたい。離婚する妻　離婚はしない妻』（集英社）。

ただ講演の場で、壇上から僕がそれを言うのは、その先生を傷つけることだ。先生だって、わからないことだらけで、いろんなことに気を遣って、悩みの中で質問してくれているはずだ。そもそも僕がエラそうなことを言えるのは、「お客様」だからだ。僕がもし一教員として学校現場に立ったとしても、理想的な対応はできず、ドタバタしているだけで一日が終わり、気づいたら学年末になっているだろう。

「その生徒さんと先生が違うのは当たり前だと思います。無理して同じ気持ちにならなくていいと思います。でも、先生自身が痛くも痒くもないことなのに、なぜその生徒さんにとっては、痛いとか痒いとかになっているのか、その違いを探ってみてください。そこで見えてくる違いこそが、生徒さん本人にとっての、周囲の人や学校や社会との壁なのかもしれません」と僕は答える。

知らないことに心を開いて

学校の先生だからといって、世の中の全てを知っているわけでもない。知らないこともあれば戸惑うこともある。生徒の悩みや問題に向き合うとき、それが知らないことならば、素直に「先生も知らないから、教えてほしい」と伝えればいい。生徒にとっては、理解できないと否定されるよりも何倍もホッとする答えだと思う。

そして、もし先生が「あぁ、私が知らないばかりに、うまく関われず傷つけてしまったんじゃないか」と昔のことを思い出すことがあっても、自分を責めたり悔やんだりはしないでほしい。その生徒は、先生に自分のことを話せたことだけでもいくらかホッとしたことだろう。そして時間が経った今でもそのことをずっと気にかけている先生なんだか

ら、その時もきっと、真面目に心を開いてその生徒の話を聞いていたことだろうと思う。

LGBTQとかSOGIとか、性についても一人一人の違いや多様性を表す言葉は、多くの人に意識されるようになった。ただ言葉は、あくまでも人のことを理解したり、あるいは自分のことを誰かに説明したりするための道具にすぎない。言葉を、相手への決めつけや集団の線引きに使うのは誤りだ。

学校教育の中で、先生と生徒が性の多様性を意識することは、ダイバーシティ＆インクルージョンの社会を実現することそのものだ。SOGIという言葉にあるとおり、性はLGBTQと呼ばれる特定の人たちだけの問題ではない。あらゆる人に共通する普遍的なことなのに、一人一人違うからこそ、ダイバーシティなのだ。しかしダイバーシティを表す言葉で基準を作って線引きし、正解を探すとなれば、基準と正解から外れる人は見捨てられてしまう。それはインクルージョンではない。

性の多様性は、難しい言葉を勉強しなくても意識できる。知らないことに心を開いて、自分のことと重ね合わせれば、相手と自分の違いに気づくことができる。相手を理解することができるかもしれない。学校の先生一人一人が今できる、いちばんの取り組みだ。

玉置崇の
教育放談
[第4回]

教師が個別最適な学びのイメージを持ちたい

岐阜聖徳学園大学教授
玉置　崇

 ## 「個別最適な学び」の理解は？

　令和3年3月に文部科学省初等中等教育局教育課程課から出された「学習指導要領の趣旨の実現に向けた個別最適な学びと協働的な学びの一体的な充実に関する参考資料」では、「個別最適な学び」は、「指導の個別化」と「学習の個性化」に整理されていて、児童生徒が自己調整しながら学習を進めていくことの重要性が示されています。

　その資料を読み進めれば、「個別最適な学び」について詳しく知ることはできますが、結局、「個別最適な学びとは何か？」と尋ねられると、うまく説明できないという方が多いようです。

 ## 「個別最適な学び」のイメージを持つことができる体験談

　私は、「誰もが個別最適な学びを体験している」と思っています。このことを自覚していただくために、自分自身の「個別最適な学び」を紹介しています。なぜなら体験談を伝えることで、それぞれの方が「自分にとっての個別最適な学びは○○だ」と、イメージを持っていただけると思うからです。

　私自身の「個別最適な学び」経験は、落語の面白さを知り、落語をもっと知りたいという己の学びの要求を満足させる動きをしたことです。それは高校時代でした。

　当時、教育課程に週1時間の「クラブ活動」が位置付けられていました。必ず「クラブ活動」を履修しなければ単位はもらえません。しかし、学校から提示された「クラブ活動」には、私が所属したくなるものはなく、やむを得ず、「落語鑑賞クラブ」を選択したのでした。

　この「クラブ活動」は、落語好きな先生が教室に

■profile■
たまおき・たかし　1956年生まれ。愛知県公立小中学校教諭、愛知教育大学附属名古屋中学校教官、教頭、校長、愛知県教育委員会主査、教育事務所長などを経験。文部科学省「統合型校務支援システム導入実証研究事業委員長」「新時代の学びにおける先端技術導入実証研究事業委員」など歴任。「学校経営」「ミドルリーダー」「授業づくり」などの講演多数。著書に『働き方改革時代の校長・副校長のためのスクールマネジメントブック』（明治図書）、『先生と先生を目指す人の最強バイブル　まるごと教師論』（EDUCOM）、『先生のための「話し方」の技術』（明治図書）、『落語流 教えない授業のつくりかた』（誠文堂新光社）など多数。

持ってきた落語のレコードを聴くだけというものでした。

20数人が所属していたように記憶していますが、自分も含めて、落語に興味がある者が集まっているのではありません。特に入りたいところがなく、ここなら楽そうだという発想で所属した者ばかりでした。当初はどうも入部希望者が皆無だったようで、担任から「特に希望がない場合は落語鑑賞クラブに入ってほしい」と勧められたことも思い出しました。

このようなクラブ活動ですから、落語のレコードがかかり始めると、寝始める仲間が多く、私も「落語鑑賞クラブ」は「睡眠クラブ」だと考えていました。映像はなく、音だけを30分間ほど聞くわけですから、興味がない者は眠くなって当たり前でした。

ところが、桂米朝の「軒付け」を聴いたときでした。初めて教室で笑いが生まれたのです。「鰻でお茶漬け」というくすぐりが繰り返されるのですが、そこでみんなが大笑いしたのです。もちろん私も笑いました。そして、初めて落語は面白い！ と思ったのです。まさに落語に開眼したのです。だからこそ、66歳になった今でも演者も演目も覚えているのです。

振り返ってみると、自分にとっての「個別最適な学び」が始まったのは、そのときからです。当時、地元ラジオ局が東西の落語家を呼んで「なごやか寄席」という番組を制作していました。そのための公開録音もしていました。その公開録音に参加するには、往復はがきで応募して、当選しなくてはなりません。何枚も往復はがきを出しました。そのうちの1枚が当たり、生の落語を聴く機会を得ることができました。

ここで確認しておきたいのは、教師に往復はがきを出しなさいと言われたわけではなく、自ら出したことです。まさに「個別最適な学び」です。個別（自分）の最適な学び（この場合は落語を聴きたいという学び）を実現させるために自ら動いたのです。

生落語を聴き、落語への興味はさらに高まりました。レコードや本を買いました。これも自分で決めたことです。誰かに指示されたものではありません。まさに「個別最適な学び」ができるように、自分で動いたのです。

大学へ進むと、桂米朝の落語を生で聴きたいという思いが強くなりました。この欲求を満たすために、とうとう愛知から大阪まで足を運ぶようになりました。新幹線代がかさみます。大阪に1週間連泊したこともあります。小遣いはあっという間になくなりますが、落語をもっと知りたいという学びへの気持ちは低下するどころか、ますます高まったのです。

教師が「個別最適な学び」のイメージを持ち、子どもたちに伝える

私の体験談を通して、ご自身の「個別最適な学び」のイメージを持つことができたと思います。誰もがこれまで何かにのめりこんだ事柄があると思います。それを子どもたちに語って聞かせるとよいでしょう。

「個別最適な学び」は、子どもが、自らの学びの欲求にしたがって主体的に行動して学びを深めていくことだと考えています。「個別最適な学び」の解説の中で、「学習の自己調整」という文言がありますが、「自分の学びのために自分で学習を調整していく」ことが大切なのです。いくら優秀な教師であっても、一人一人の子どものために「個別最適化された学び」を提供することはできません。子どもがどれだけ先生とともに学びたいと言っても、いつかは子どもから離れなくてはいけません。子どもが教師から離れるときまでに、子どもが自ら学ぶことができる力をつけることが求められているのです。

子どもの多様性に応じる

上智大学教授
奈須正裕

『大造じいさんとカルガモ』

5年生のその子は、生き物が大好きな典型的な理科少年でした。国語科の『大造じいさんとガン』の学習に際し、この作品をまずは生物学的に考察しようと思い立ったのは、したがってごく自然なことだったに違いありません。

2年にわたり大造じいさんはタニシを餌に罠を仕掛けますが、ガンは草食性で、タニシを食べることはまずありません。また、ガンと戦ったとされるハヤブサは、最大翼長120センチの中型の猛禽類です。一方、ガンは最大翼長165センチの大型の鳥であり、ハヤブサはガンを襲いません。

彼は大いに思案し、ガンと似た水鳥でタニシを食べるという条件には雑食性のカモが該当すること、さらにハヤブサに襲われるという点を勘案すると、カモの中でも小型で雑食性の強いカルガモの可能性が高いとの結論に達し、ノートに次のように記しています。

「大造じいさんとガンで、一番読者の心に残るのは、ハヤブサとガンの戦う場面でしょう。しかし、ハヤブサとガンが大きさ的に戦うわけがなく、きっと、大造じいさんはカルガモをガンと間違えたのでしょう」

こんな風に思考する子どもは、物語学習が暗黙の前提とする文学的な世界観や学び方に馴染みにくいように思われます。ところが、彼の学びは違っていました。

「椋鳩十の書く話は生物学的に言えばおかしい点もあるが、文学的に読むと、かなりおもしろいです。どうしておもしろいかというと、椋鳩十はすぐれた文章力を持っているからです。椋鳩十の話はいきいきとしていて、命の輝きが感じられます。読者をぐいぐいと話へ引き込んでいく。僕もそんな文章が書きたいと思い、大造じいさんとガンを読んでみると、面白いことに気が付きました。椋鳩十は、セリフに印象的な言葉をたくさん入れているのです。これは『片耳の大鹿』でもそうです。（中略）明らかに椋鳩十の文章は他の文章と違います。椋鳩十と同じく動物ばっかり書いているシートンとも違います。終わり方も印象的です。椋鳩十はセリフの用い方が特殊で、その特殊なところがいいんです」

ガンをカルガモと取り違えるというあやまちは、彼にすれば致命的なものでした。にもかかわらず、一旦読み始めると、そんな自分が「ぐいぐいと」話に引き込まれていったのです。

ここに、彼ならではの問いが立ち上がってきます。なぜ「生物学的に言えばおかしい」作品に自分が引き込まれるのか。この切実な問いに答えよ

なす・まさひろ 1961年徳島県生まれ。徳島大学教育学部卒、東京学芸大学大学院、東京大学大学院修了。神奈川大学助教授、国立教育研究所室長、立教大学教授などを経て現職。中央教育審議会初等中等教育分科会教育課程部会委員。主著書に『子どもと創る授業』『教科の本質から迫るコンピテンシー・ベイスの授業づくり』など。編著に『新しい学びの潮流』など。

うとするなかで、彼は自ら進んで「文学的に読む」道へと進みました。そして、文学的な迫り方をしたからこその多く発見を成し遂げるとともに、それは科学的な迫り方をした際に得られるものと同じくらい価値あるものであり、さらに両者は併存しうることにも気づくのです。

そこを起点に伸びていく

興味深いのは、当初、生物学的に検討するという、国語の物語学習としては異端ともいうべき迫り方をしたことが、かえって文学的なアプローチをとることの意味の自覚化を促し、結果的に国語科的に見ても執拗にして緻密な探究をもたらしたことでしょう。彼が得意とする科学的な学び方だけでは、文学作品の本質的な理解には至ることは不可能です。やはり、最終的には文学的な世界観に立脚し、文学的な学び方をする必要があります。

それは、物語という対象世界がすべての学び手に要求していることであり、科学的な学び方を身上とする彼もまた、その要求を無視することはできません。心配しなくとも、早晩すべての学び手はその筋道へと入ってきます。望むらくは、学び手自身がそのことに気づき、自ら進んでその筋道へと分け入ってくることでしょう。彼の場合、もし、当初の段階で生物学的な探究が許容されな

かったとしたら、文学的な探究の筋道へと分け入る分岐点にまでたどり着くことができず、見てきたような学びは生じなかったかもしれません。

ここで注目すべきは、最初のノートに対する教師の朱書きです。「ハヤブサが大きさ的にガンと戦うわけがなく、きっと、大造じいさんはカルガモをガンと間違えたのでしょう」と書いてきた彼に対し、担任は「よく調べましたね。〇〇くんらしい学びのつくり方です」と称賛しています。単に調べたという事実を称賛しているのではありません。それがこの子らしい「学びのつくり方」、つまりここを起点として、彼ならではの筋道でさらに学びを深めていくことを期待し、またそうなるよう支援していこうとしているのです。

物語に対しては、ハナから文学的に読む子が大多数でしょう。しかし、なかには科学的に迫ろうとする子もいます。ここで、それは物語の読み方としてふさわしくない、あるいは間違っていると言い渡し、文学的に読むよう指導する教師はけっして少数派ではないのです。

多様なすべての子どもの学習権・発達権を十全に保障するには、その子ならではの学び方、対象への迫り方を、そこを起点に今まさに伸びようとしているかけがえのなさとして大切に扱うことが求められます。そして、今後この子が学びを深めていく筋道を予測し、寄り添い、必要に応じて支えていくことが、教師として為すべきことではないでしょうか。

今次改訂の学習指導要領で求められる授業づくり

カリキュラム・マネジメントの実現の要は授業づくり

ここ十年あまりは、「総合的な学習の時間の充実」や「校内研修の工夫・改善」に加え、「カリキュラム・マネジメントの実現」に関する講演が多くなっている。しかし、その一方で「授業づくり」に直結する研修の機会も増えてきている。今次学習指導要領の改訂で「主体的・対話的で深い学び」による授業改善が求められていること、GIGAスクール構想との関連でICTを活用した授業改善が求められていること、「カリキュラム・マネジメントの要は授業づくり」であることを、多くの学校や教員が確信していることに他ならない。

今夏も継続的に研究指導を依頼されている小・中・高等学校で授業づくり全般に関わる研修に関わった。従来から授業づくりが盛んだった小学校だけでなく中・高等学校も増えてきていることがよい傾向である。今号では、今年（2022年）8月に実施した兵庫県伊丹市立東中学校（多田英稔校長）における授業づくりワークショップを紹介する。

研修には32名の教員が参加した。同じテーマで行うのはもったいないと考え、三つの視点からの授業づくりワークショップに挑戦してもらうことにした。「言語活動と学習過程」「ICT活用と学習活動」「ARCSモデルを意識した授業づくり」の三つである。

この三つの視点に関わる講話を行った後、学年ごとに3チームに分かれてもらった。その際、できるだけ同教科の担任が固まらないようにするために、教科で付せんの色を指定し、名前を書いてもらい、興味関心に従って、学年×3視点の表に貼っていってもらった。同中の教員は譲り合い精神を発揮し、5分ほどで3～5名のチームが九つできあがった。

言語活動の充実を図る授業づくり

今次改訂では、資質・能力の育成に向けた授業改善の視点として「主体的・対話的で深い学び」による授業づくりを目指している。筆者は

思考力・判断力・表現力を育むための学習活動例
①体験から感じとったことを表現する。
②事実を正確に理解し伝達する。
③概念・法則・意図などを解釈し、説明したり活用したりする。
④情報を分析・評価し、論述する。
⑤課題について、構想を立てて実践し、評価・改善する。
⑥互いの考えを伝え合い、自らの考えや集団の考えを発展させる。

資料1

講演等において「『主体的・対話的で深い学び』が今次改訂では謳われていますが、前の学習指導要領で重視された『言語活動の充実』はそのまま踏襲されます」と述べて、**資料1**を提示する。

資料1は、中央教育審議会『幼稚園、小学校、中学校、高等学校及び特別支援学校の学習指導要領等の改善について（答申）』（平成20年1月7日）の「5．学習指導要領改訂の基本的な考え方」の「（4）思考力・判断力・表現力等の育成」で示されたものである。

この15年ほど前から5年ほど前に関わった学校で、比較的短期間で学力向上や生徒指導改善を成し遂げた学校は概ねこの学習活動例を踏まえ、言語活動の充実を図った[1,2]。

今次改訂においても、育成と目指す資質・能力の二つ目の柱として「思考力・判断力・表現力の育成」が掲げられており、また、総則の「教科等横断

村川雅弘
甲南女子大学人間科学部・教授

的な視点に立った資質・能力の育成」の一つ目に「（1）各学校においては、児童の発達の段階を考慮し、言語能力、情報活用能力（情報モラルを含む。）、問題発見・解決能力等の学習の基盤となる資質・能力を育成していくことができるよう、各教科等の特質を生かし、教科等横断的な視点から教育課程の編成を図るものとする」と述べられており、言語活動育成の重要性が示されている。授業づくりにおいて、この**資料1**を改めて意識する必要がある。

そこで、言語活動チームには、**資料2**の書式を模造紙サイズに拡大したシートを用意した。教科等共通の授業の流れに従って、どのような

資料2

言語活動と学習過程	
前時の振り返り	キーワードを用い、具体的な学習活動や手立てを書き出し・整理・共有化を図る
課題設定・めあての確認	
個人学習	
ペア学習	
グループ学習	
全体学習	
まとめ	
振り返り	

言語活動を行っているかを付せんに書いてもらった。

教員から出てきた手立ては以下の通りである。1年団は「【前時の振り返り】は教師から説明するのではなく、生徒から出させる」「【課題設定】に関しては、ノートに書かせたり、読み上げるなど、共有化を図る」「まず【個人】で考えてから、【ペア】や【グループ】で話し合い、それからもう一度、【個人】に戻す」「基本的には、考えて、まとめて、発表して、全体で共有したものを再び自分の元に返すという流れを大事にしたい」「【まとめ】は、気づいたこと分かったことを全体で共有する」「【振り返り】は、各自でき具合や課題をノート等に書く」と、授業の流れの中で言語活動をどう取り入れていくかを発表した。

2年団は「言語活動を行う上での生徒の活動と教師の手立てとを分けて協議を行っている」「【めあて】に関しては、授業のめあてだけでなく個人目標

を各自に考えさせる」「【ペア】や【グループ】では、お互いの意見をしっかり聴いたりアドバイスをしたり、協力して課題の解決に向けて話し合い活動を行う」と付け加えている。そして、教師は事前に「生徒がどのような目標を設定できたらいいのかを考えておく」とも提案した。

3年団では「認めたり褒めたりする」「教科によっては『できた』『できない』で判断しがちだが、『ここまではできているね』と途中までの成果を褒めていきたい」「学年の特性で、分かっていても【全体学習】で発表しない生徒がいるので、【個人】や【ペア】、【グループ】で工夫させたい」などの手立てが伝えられた。

ICTの有効活用による授業づくり

GIGAスクール構想の中で、資質・能力の育成に向けた主体的・対話的で深い学びを実現させるためにICT活用による授業改善が進められている。主に小・中学校を訪問して、1人1台端末を活用した授業を見かけることが増えてきた。

例えば、ある小学校の国語の授業では、発問に関する各自の考えを電子黒板に提示し、互いの考えを比べての協議を行っていた。これまでなら教師が机間指導をしながら一人一人の考えを把握し、その後の全体学習で指名を行い、異なる考えを発表させ、板書をし、それらを比較して、話し合いを行ってきた。1人1台端末の導入により、その過程が短縮され、比較しながらの協議時間の確保がより可能となったのである。体育の器械運動で、上手な児童の動きを自分の動きと比べることで、どこをどう直せばよいのかがより明確となり、これまでよりも短い時間で「分かる」「できる」が増え、多くの子ども

は達成感と自信を持つことができる。このような授業改善が各教員の工夫とアイディアにより行われている。

文部科学省は『「GIGAスクール構想」について』（令和2年7月7日）の中で『「1人1台端末・高速通信環境」を活かした学びの変容イメージ』で「ステップ1："すぐにでも""どの教科でも""誰でも"活かせる1人1台端末」→「ステップ2：教科の学びを深める。教科の学びの本質に迫る」→「ステップ3：教科の学びをつなぐ。社会課題等の解決や一人一人の夢の実現に活かす」の3ステップを示した。現時点では、「ステップ2」の最中と考える。そして、最終ゴールは子ども一人一人が「ICT端末を適切に使いこなせる」ようになることと捉えている。全体の講話では資料3を示し、これらの機能を活動の目的や内容に応じて総合的に組み合わせて使いこなせることで、授業を通してそれらの機能を理解・習得していくことと考えている。

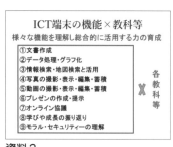
資料3

「ICT活用と学習活動」チームはこれらの工夫やアイディアの共有化を図るために、写真1の模造紙サイズのシートを用意した。実際に端末に触れながらの協議が進められた（写真2）。

1年団は主に、当校で使用しているスクールタクトでできることを中心に発表した。例えば、「練習問題をたくさんやりたい生徒は、端末で取り組ませる。何度も書き直せることがいい（数学）」「授業外でスピーチの様子を動画に取り、チェックする（英語）」「共同閲覧モードで意見交流ができる。発表が

写真1

写真2

苦手な生徒も意見を書いて見てもらうことができる」。2年団は既にやっていることを確認し合った。「校外学習でストリートビューを活用したことで迷う生徒がいなかった（社会科）」や「回転体は見せると理解度が違う（数学）」などの事例が紹介された。3年団からは「振り返りで、自分の考えの変化をとらえやすい」との意見が出された。

ARCS動機づけモデルを意識した授業づくり

時代が変わろうと授業づくりの「不易」なものは「学習意欲」の喚起である。筆者は、米国のジョン・

●Profile

むらかわ・まさひろ　鳴門教育大学大学院教授を経て、2017年4月より甲南女子大学教授。中央教育審議会中学校部会及び生活総合部会委員。著書は、『「カリマネ」で学校はここまで変わる！』（ぎょうせい）、『子どもと教師の未来を拓く総合戦略55』（教育開発研究所）、『ワークショップ型教員研修　はじめの一歩』（教育開発研究所）など。

M・ケラーのARCS動機付けモデルを推奨してきた。ケラーは当時の学習意欲に関する研究を、注意（Attention）、関連性（Relevance）、自信（Confidence）、満足感（Satisfaction）の4側面で整理した。この四つの頭文字をとって、ARCS（アークス）モデルと命名している。日本では熊本大学大学院の鈴木克明教授が第一人者で、我が国に広く紹介した[3]。

①面白そうだ、何かありそうだという〈注意〉、②学習課題が何であるかを知り、やりがいがありそうだ、自分の価値との関わりがみえてきたという〈関連性〉、③初期に成功の体験を重ね、それが自分の努力に帰属できれば「やればできる」という〈自信〉、④学習を振り返り、努力が実を結び「やってよかった」との〈満足感〉、4側面である。

「ARCSモデルを意識した授業づくり」チームには資料4の模造紙サイズのシートを用意し、自己の授業を振り返りながら、生徒の学習意欲を引き出すため

資料4

に行ってきた手立てをARCSモデルで整理し、共有化を図ってもらった。

1年団は上（A）から「実際に触れる」「実生活につなげる」「身近なものに結びつける」「褒める・確認する」を大きくキーワードとして書き、各教科等の具体的な事例を取り上げて紹介した（**写真3**）。2年団は「教材」「発問」「学習活動」「評価」の四つに分類して手立てを整理している。「学習に集中できる環境づくり」〈注意〉として「日差しの向き」「音」「気温」への配慮を挙げている。「やりがいが

写真3

あるなぁ」〈関連性〉と思わせるためには「評価の基準を具体的に示すことの重要性」を強調した。3年団は「年度始めに『この教科、この先生、おもしろいなぁ』と思わせること、授業の始めに一定のルーティーン（例えば、国語の百人一首や英語のイントロクイズなど）がある方が、生徒は授業に入り込みやすいのでは」と提案した。

各チーム、1～2分程度の発表であったが、様々な具体的なアイディアが紹介・共有された。その後、この研修の成果は、視点ごとに3学年をまとめて共有化された。2学期以降は、三つの視点を踏まえた授業づくり、授業研究が進められる。

［注］

1　村川雅弘・田村知子・東村山市立大岱小学校編著『学びを起こす授業改革　困難校をトップ校へ導いた"大岱システム"の奇跡』ぎょうせい、2011年
2　村川雅弘・田村知子・西留安雄著『「カリマネ」で学校はここまでかわる！　続・学びを起こす授業改革』ぎょうせい、2013年
3　鈴木克明「インストラクショナルデザイン（ID）基礎資料ARCS作戦集」https://www.jasso.go.jp/ryugaku/jlec/tjlec/research/__icsFiles/afieldfile/2022/05/23/arcssakusenshuu.pdf

「セルフ授業」で子どもの主体性を引き出す
授業づくりに挑戦

神奈川県横須賀市立長沢中学校

Lead

子どもが自力で進める「セルフ授業」に取り組んでいる横須賀市立長沢中学校。教師が黒子に徹し、司会役となる「学習リーダー」を中心に、子どもたち自身で主体的・協働的に学ぶ試みだ。学力向上とともに自己有用感の醸成にも効果が表れているという同校の実践を紹介する。

「生徒」による主体的・対話的で深い学び

10月21日、横須賀市立長沢中学校で、「『生徒』が主体的・対話的で深い学びに取り組む授業づくり」をテーマに研究発表会が行われた。「セルフ授業」と称する、子どもたちが自力で授業を進めていく取組が披露された。

3年国語では「よい俳句ってどんな俳句?」を課題に、作品の音読、比較鑑賞、俳句大賞の選定などを行った。司会役の生徒の指示で、ペアや班で意見を交わし、他の班に行って様々な意見を聞いたりする「ぶらぶらタイム」や、ホワイトボードで班で出た意見を分類したり、他の班との相違や共通点を見出しながら、自分や班の考えを深め、まとめていく活動などが展開された。

3年英語では「外国人向けに、長沢中の避難所の提示物を見直そう」という課題で、避難所、救護室、炊き出し場所などの班に分かれて、外国人にも分かる掲示を英語を用いて考えた。授業中はほぼ英語だけ。教師はもちろん、司会役の生徒も英語で指示を出して授業が進む。アイコンを使うアイデアを出した班には「Nice idea!」などの声が聞こえた。

2・3年合同授業の数学は「四角形の辺の中点を順に結ぶとどんな図形になるだろう?」が課題。班

司会役（学習リーダー、奥）が授業を進行

協働して幾何の証明に挑戦

星野嘉朗校長　　　　　岸上哲大研究主任

ごとに分かれ、ホワイトボードに様々なシミュレーションをしたり、仮説を立てたりしながら、課題追究が協働的に行われた。大人数を仕切る司会役の生徒は、班の間を縫って学習の進み具合をチェックしながら、授業を進めていた。

これらの授業を見て参観者が驚いたのは、全員が主体的に授業に参加していること、そして考える時間の多さだ。旧来の中学校の授業イメージとは違う、子どもが主役の授業が展開されていたのである。

この取組を通し、学力はもとより、学習意欲の向上や自己有用感などにもよい効果が表れているという。

子どもが自力で進める「セルフ授業」

長沢中が取り組むセルフ授業とは、教師が黒子となり、主に子どもたちだけで進めていく授業のことで、現在、高知・熊本・沖縄など多くの学校現場で広がりを見せている。

学習過程をスタンダード化し、どの学年、どの教科でもある程度同じスタイルで授業を進めていくことを土台に、ハンドサインなど学習ルールを決めた上で、子どもたちが自力で授業を進められるようにしたもの。かつて東京都東村山市立大岱小学校で西

他の班の考えを見に行く「ぶらぶらタイム」

留安雄校長（当時）が取り組んだ子ども主体の授業づくりが飛躍的な学力向上をもたらしたことから全国から注目され、子どもに任せる「教えない授業」として進化し広まっている取組だ。

長沢中がスタンダードとしている学習過程は、①前時の振り返り、②本時の課題と見通し、③学び合い、④課題のまとめ、⑤振り返り、といった流れで構成され、子どもたちにもそれが了解されて授業が進む。本時におけるキーワードを予め示して考える方向性を示したり、「分かった」「分からない」を「グーパー」で意思表示したりしながら、子どもたちが学びの方向性を共有しながら協働的に学んでいく。

それぞれの教科における授業の学び方を身に付け、授業の流れを理解して、子どもたちは自力で主体的・対話的で深い学びに取り組んでいく、その究極が、教師が黒子に徹したセルフ授業だ。

授業のキーマンとなる学習リーダー

授業の進行役となるのが、学習リーダーだ。教科ごとに学習リーダーが決められており、「司会原稿」と呼ぶ"台本"をもとに授業を進めていく。

授業の司会、発問、指名などのほか、子どもたち同士で学び合う場面では、机間巡視などを行い、全体の進み具合のチェックもする。時には教師に支持を仰いだり、「ここは先生に説明してもらいましょう」など、教師の出番も作ったりする。この学習リーダーがキーマンとなって、授業全般を進められるようになるとセルフ授業となる。

単元や本時など、折々に授業のプランや流れを子どもたちに提示し、授業のポイントを理解した学習リーダーが進行を務める。子ども主体の授業はこのように、子どもが授業の見通しをもっていることで成り立っているのだ。

班を見回って進捗をチェックする学習リーダー

　教師の出番がないか少なくなれば、教師は題材や教材の見立て、授業の見通し、子どもたちの学びの様子などを深く想定する必要があり、知識を注入する授業よりも、より深い授業への洞察が求められてくる。授業の見立てをもとに、前時の終わりなどに学習リーダーと次の授業についての打ち合わせを行い、学習リーダーは授業の流れやポイントを把握して次時に臨むのが長沢中では一般的だ。

　もちろん、すべての授業をセルフ授業で進めていくわけではない。基礎的な知識は教え、探究する場面で行ったり、単元のまとめ時や単元内のクライマックスとなる時間などに行うことが多いとのことだが、あえて基礎知識を得る場面でも、協働的に調べ学習を行う活動として実施したりする。教師が適時適切と思う場面でセルフ授業が行われるとのことだ。

　「経験を積めば、子どもがどんどん主体的になっていきます。セルフ授業で授業中の子どもの姿ががらっと変わりました。発言の数が飛躍的に増えたのです」（岸上教諭）

戸惑いから自信へ

　長沢中がこの実践研究に取り組んだのは３年前。

0　二分前着席
　教科書p.202-205の大事なところを「赤」と「黄」で線
　教科リーダー：「課題」と「まとめ」を板書し、「見通し（キーワード）」をマグネットシートに書いて貼り付けておく。
（チャイムが鳴ったら）
1　号令→「まとめ」を一回読んで、「ふりかえり」を近くの人一人に発表。
2　今日の課題：「第一次世界大戦の世界はどのように変わったのだろう」
　一度声に出して読む。
3　今日のキーワードは
　ベルサイユ条約／民族自決／国際連盟／世界経済の中心／ワシントン会議／ワイマール憲法／二十一か条の要求／五・四運動／三・一独立運動／ガンディー　以上10個
4（20分）
　第一次世界大戦後の世界はどのように変わったのか、「ヨーロッパ」「アジア」の２つの視点でjamboardにまとめる。
　・１班～４班は「第一次世界大戦後のヨーロッパ」について
　・５班～８班は「第一次世界大戦後のアジア」について
　　→※キーワードを用いて教科書の言葉を使ってよい
　　　※わからないところは、グループを超えて聞いてもよい
　教科リーダーはタイムキーパーをやって、延長したい場合は延長してもOK（5分まで）
5　発表（10分）（3分×2）
　・１班→５班へ、２班→６班へ、３班→７班へ、４班→８班へ「２人ずつ」行き、発表。
　　聞いている人はノートにメモをとる。
　・３分後、発表を交代する。
6　まとめ（5分）
　「第一次世界大戦の世界はどのように変わったのだろう」について、下の文章にしたがってノートに記入。

図　３年生社会科　司会原稿

横須賀市教育委員会の研究委託を受け、新学習指導要領に焦点を合わせた研究としてスタートした。当初から各教科で学習過程をある程度統一した「スタンダード」を開発、子ども主体の授業づくりに取り組むことになった。

　当初は戸惑う教師も多かったという。

　「教えたい」、しかし子ども主体の授業研究も進めたい――。

　岸上教諭自身も葛藤はあったが、５月に東京で同じ実践に取り組んでいる小学校を視察したことで衝撃を受ける。小学１年生が入学間もないにもかかわらず、児童の司会で進む授業が行われていた。「小学生でこんな授業ができるなら」。岸上教諭は、１年生を受け持つことになったことを契機に思い切ってこの新しい授業づくりに取り組み、「見せて説く」ことで、子ども主体の授業の意義を説いて回った。強制はせず、スモールステップで浸透させていくこ

●DATA
神奈川県横須賀市立長沢中学校
〒239-0842
神奈川県横須賀市長沢5丁目1－1
TEL 046-849-5431

とを目指したという。若手教師も増え、岸上教諭に続く者も増える。旧来の教える授業を信条としていたベテラン教師が、学び合いのためのワークシートを作るようにもなった。長沢中の授業改革は教師たちの協働性も育んでいく。職員室は世代を越えて授業のアイデアを出し合ったり、子どもたちの様子を話し合う自然発生的なサロンとなっていった。

授業の流れを子どもたちに提示することで、子どもたち自身も授業の見通しがもてるようになり、授業に積極的に参加する姿が見えるようになっていった。積極性を身に付けた子どもたちは委員会活動も主体的に取り組むようになったという。

「学習指導要領の趣旨を踏まえれば、『教える』ことから『子どもに気づかせる』こと、それも子ども同士の関わりの中で気づきが生まれることがとても大事だと思うのです。その意味で、この取組には意義がある」と星野校長は言う。

研究4年目。今年度は「教科の特性を生かしたセルフ授業の追究」を研究主題に掲げ、本格的にセルフ授業に取り組むまでになっていったのである。

自立した子どもを育てる実践を目指す

「子どもが授業に臨む姿勢が大きく変わりました」と言うのは岸上教諭。一方的に教えられる授業から子どもたち自身で授業を創る経験が、主体性や創造性を養っているとのこと。

実際に、全国学力・学習状況調査からは、無回答が減り、平均値のポイントも上昇しただけでなく、質問紙調査からは学習意欲の向上が見えたり、自己有用感や学ぶことの意義を実感する子どもたちが増えたという。「学習過程をスタンダード化したり、教師たちが同じ方向性で協働することができたことも要因」とのこと。

星野校長は、「子どもの自己有用感が高まったことは中学校としては大きい。子ども同士の人間関係も良好です。セルフ授業は、学力づくりや生徒指導にも効果があると感じています」と成果を語った。

研究から4年。今後はどのような展開を考えているのか。

岸上教諭は、「とにかくレベルアップ。子どもたちが『先生がいない方が授業が進むなあ』と思えるくらいにしていきたい。そのためにはさらにステップアップしていく必要があると思っています。教師たちも子どもたちもこの授業の経験を積むことで、主体的で協働的な学びを実現させていきたいと考えています」と語った。

「セルフ授業は、授業の構想や見通し、生徒理解など、教師が深く考えてこそ実現できる実践。授業づくりを磨き上げることが必要です。その先に子どもたち自身が授業を組めるようになる。この取組を通して、子ども自身が学びを深め、『私たちはこんな学校をつくりたい』と言うくらいに自立してくれることを願っています」と星野校長は言う。

長沢中の取組は、セルフ授業を通して自立した子どもを育てる試みでもあるようだ。子どもが主役となって主体的・対話的で深い学びを目指す長沢中の挑戦は見通しの開けた道中であるといえよう。

（取材／本誌・萩原和夫）

友達関係のよさが話し合いを活発に

たのは、六枚の写真。紅葉が湖に映っているところとか、丘の上の桜に向かってランドセルの小学生が駆けだしているところとか、「いかにも」な写真です。

しかし、今度は私が選句に関わらなかったからか（選句したのは番組のスタッフでした）、素直に良いなと思える句が出てくるのです。

たとえば、家族四人が鍋を囲みながら、団欒をしている写真。

牛肉が鍋に煮えてる冬の海
　　　　　　　　　　　　AI一茶くん

家の中の温かい鍋と、外の寒々しい冬の海を組み合わせて作るところ、なかなか「分かっている」作り方です。私は、

寄鍋のみな大いなる海老狙ふ
　　　　　　　　　　　　克弘

と、ひとつまみの「俳味」、つまり笑いの要素を入れてみました。AIには、笑いの機微はなかなか掴めないだろう、という作戦です。A

あるいは、雪の温泉に猿の親子が浸かっている写真からは、

父よりも母との記憶霜柱
　　　　　　　　　　　　AI一茶くん

という句を出してきました。これにも、内心、唸ってしまいました。たしかに、大概の子どもにとって、仕事で家にいない父よりも、ふだん接してくれる母の方が、記憶に色濃く根付くものです。雪の中で寄り添う猿の親子のことを詠んでいるようでありながら、人間の家族のことも背景に匂わせていて、なかなかの作です。私は、

雪の湯に猿の親子のむつまじき
　　　　　　　　　　　　克弘

と、ありのままに風景を詠んで、素朴さで対抗してみました。

さて、スタジオの芸能人たちは、「AI一茶くん」と私の句、どちらを「プロ」と判断するでしょう。判定のシーンは別撮りなので結果はまだわからず、放送が楽しみなのですが、ちょっと危機感も覚えています。本当にいつか、AIが人間以上の秀句を作る時代が来

るのかも。そうしたら、俳句を仕事にしている私はどうしたら……!?

俳句対決の収録の最後は、放送で使う短いカットの撮影でした。私は、自作の俳句を書いた短冊を持たされ、顔のわきに掲げて、次のセリフをにこやかに言うように指示されました。

「この俳句を作ったのは、私、俳人の髙柳克弘でした。」

一枚の写真につき、三句作っていますから、全部で十八句。そのすべてについて、同じセリフでのカットを撮り続けます。実際の放送では、数パターンしか使わないそうですが、念のため、十八句すべてについて撮っておきたいとのこと。

「この俳句を作ったのは、私、俳人の髙柳克弘でした！」→短冊を差し替え→笑顔を作る→「この俳句を作ったのは、私、俳人の髙柳克弘でした！」→また次の短冊に差し替え→笑顔を作る→「この俳句を作ったのは、私、俳人の髙柳克弘でした！」→また次の……

これを延々と繰り返しているうちに、私は、なんだかこんなことをさせられている私の方が、ずっと機械っぽいように思えてきました。

真冬の、ちょっとしたホラー体験でした。

髙柳 克弘

俳人・読売新聞朝刊「KODOMO俳句」選者

●profile●

1980年静岡県浜松市生まれ。早稲田大学教育学研究科博士前期課程修了。専門は芭蕉の発句表現。2002年、俳句結社「鷹」に入会、藤田湘子に師事。2004年、第19回俳句研究賞受賞。2008年、『凛然たる青春』（富士見書房）により第22回俳人協会評論新人賞受賞。2009年、第一句集『未踏』（ふらんす堂）により第1回田中裕明賞受賞。現在、「鷹」編集長。早稲田大学講師。新刊に評論集『究極の俳句』（中公選書）、第三句集『涼しき無』（ふらんす堂）。2022年度Eテレ「NHK俳句」選者。中日俳壇選者。児童小説『そらのことばが降ってくる　保健室の俳句会』（ポプラ社）で第71回小学館児童出版文化賞を受賞。

「こころ」を詠む　［第4回］

電脳の妖精の国冬籠

克弘

チェスでも将棋でも、すでにAI（人工知能）がプロを破る時代です。文芸の世界にも、AIは進出し始めています。とはいっても、いきなりAIが長大な小説を書けるわけではありません。まずはじめに俳句を詠ませてみようとなるのも、自然なことといえるでしょう。

この連載の第三回（『新教育ライブラリPremier』Vol.3）でも紹介したのですが、工学博士の川村秀憲氏が、勤務している北海道大学のスーパーコンピューターで創り出したのが「AI一茶くん」です。インプットされた小林一茶、正岡子規、高浜虚子という歴史上の俳人の句をもとに、言葉を組み合わせることによって、一秒間に四百句という数の俳句を、二十四時間休みなくアウトプットすることができるそうです。

あるテレビ番組で、新型コロナ流行で無人になった銀座の和光前の写真から、「AI一茶くん」が句を詠むことになりました。膨大な句の中から、私が最終的に番組で紹介するものとして選んだのは、

> 宙吊りの東京の空春の暮　　AI一茶くん

という句でした。感染症がどれほど拡大するのか、先が見えていない時代の不安感を「宙吊りの」がうまく言い当てていると感じたのです。テレビ放送があったあとで、「AIがあんなうまい句を作るとは！」とか「プロ俳人顔負けだね」などという感想を聞きました。でも、選んだのが自分自身だったせいか、正直なところ、「AI一茶くん」を讃える気にはなれませんでした。プライドもあったのでしょう。所詮は「数うちゃ当たる」のお遊びじゃないか。そう見限って、以来、「AI一茶くん」のことは、忘れていたのですが……。

最近、再び「AI一茶くん」とあいまみえる機会がありました。また別のテレビ番組なのですが、今度はお題の写真に基づいて作った「AI一茶くん」の俳句と私の俳句とを、作者が誰であるかは伏せて並べて、スタジオの芸能人に判定してもらうという企画です。渡され

「教育漫才」笑劇場

令和版 ももたろう

【4組目】ももたろーず

埼玉県越谷市立新方小学校長
田畑栄一

たばた・えいいち 「自殺・不登校・いじめのない、子どもたちが生き生きと笑って学べる学校の創造」を目指して、8年前から教育漫才を発案し実践を積み重ねている。温かい雰囲気に学校が変容し、人間関係が円滑になる教育効果を実感し、その魅力を全国に発信している。著書に『教育漫才で、子どもたちが変わる〜笑う学校には福来る〜』（協同出版）、『クラスが笑いに包まれる！ 小学校教育漫才テクニック30』（東洋館出版社）。

全員：「はい、どうもー。ももたろーずです」

Ａ：「ももたろうの話しようよ」　Ｋ：「いいよ」

Ａ：「むかし、むかし、あるところにおじいさんと、おばあさんがいました」

Ｋ：「あ〜、おじいさんとおばあさんね」

Ａ：「おじいさんは、山に柴刈りに、おばあさんは、ゲームセンターに行きました」

Ｓ：「いや、働けよ！」

Ｋ：「おばあさんは、川に洗濯に行ったんだよ」

Ａ：「川で洗濯をしていたら、大きな桃が流れてきました」

Ｋ：「何が入っていたの？」

Ａ：「とってもかわいくてさ〜」　Ｓ：「うんうん」

Ａ：「ピカピカのさ〜」　Ｋ：「えっ？　何？」

Ａ：「あばれるくんが入っていたんだよ〜」

Ｋ：「いや、ちがうよ！　ももたろうだよ」

Ａ：「あ、そっか。そして、ももたろうは、仲間の…」

Ｋ：「ちょっと待って、そこ私が言いたい」

Ａ：「いいよ」

Ｋ：「ももたろうは仲間の、犬と」

Ａ：「あ〜、犬ね」　Ｋ：「さると〜」

Ａ：「あ〜さるね」　Ｋ：「あと、きじ！」

Ａ：「あ〜ひじね」（ひざを指さして）

Ｓ：「いや、ちがうよ」　Ａ：「ちなみにここは、ひざ」

Ｋ：「まあ、たしかにそうだけど、知ってるから。あと、ひじじゃなくて、きじ！」

Ａ：「そして、ももたろうと仲間たちは…おじいさんを倒しに行きました。えいっ！　やあー！」

Ｋ：「ちょっとまって、おじいさん倒してどうするの！　鬼倒してきてよ」

Ａ：「あっ！　あそこに、鬼がいた！　えいっ！」

Ｋ：「ちょっと待って。それ、おばあさん」

Ａ：「あ、やっちゃった…」

Ｋ：「おばあさんは家族だから…もう、おじいさんに怒られるよ！」　Ａ：「まじか…」

Ｋ：「ももたろうの話してたら、お腹すいてきたから、きびだんご作ってよ」

Ａ：「いいよー。はい！」　Ｓ：「ありがとう」

Ｋ：「何これ、おいしそう！　いただきまーす！　何これっ。ちょっとしゃりしゃりしてる。しかも、にがっ！　ちょっと待って、これ何？」

Ａ：「え？　どろだんごですけど…」

Ｋ：「えっ、待って…どろだんご食べちゃったじゃん！」

Ｓ：「もう、いいよ！」

全員：「どうもありがとうございました」

❖舞台袖から❖

　今回紹介するのは、7月に開催された本校の第1回教育漫才大会Ｎ−1グランプリの4年生トリオ「ももたろーず」のネタです。わかくさ学級のＳさんもトリオの一人。ＡさんとＫさんがＳさんをサポート。そこで取り上げたネタが、昔話の「桃太郎」です。誰でもが知っている物語を今風にズラして、聴衆の笑いを引き出していく手法です。ズレは5つ。「①川⇒ゲームセンター　②桃太郎⇒あばれるくん　③キジ⇒ひじ⇒ひざ　④鬼⇒おじいさん⇒おばあさん　⑤きびだんご⇒どろだんご」です。昔話の「桃太郎」のストーリーがインプットされている聴衆は、5つのズレの度に大爆笑です。上手い！　ＡさんとＫさんは、Ｓさんをどうサポートするかを相談して、Ａさんがボケを担当します。ＫさんとＳさんがツッコミ役です。Ｓさんが緊張してセリフを忘れてしまったら、ＫさんがＳさんを補うという役割で進め、3人とも堂々と演じることができました。支え合う姿勢が観る者の心を打ちます。

　教育漫才は、人間関係形成能力も養い、心豊かな児童を育成します。

「助けられ上手」になろう！

明治大学教授 **諸富祥彦**

「教師を支える会」というサポートグループで、中高年の先生の悩みをお聞きしていると、決まって出る言葉があります。

「最近の若い先生は、仕事がわかっていなくても聞いてこない」

「わからないまま、ごまかしながら仕事をしている」

その結果、いろいろなことがうまくいかなくなり、もういかんともし難い事態にまで発展してはじめて、周囲の人の知るところとなる。周囲の人間は、その後の対処がたいへんだ、というのです。

ではなぜ、若い先生方は、ベテランの先生方にものを聞くのが苦手なのでしょうか。

それは、一言で言うならば、教師としての自信が足りないからです。まだ自分が教師として未熟であり経験不足であることがわかっているから、自己肯定感を持てないでいるのです。にもかかわらず、

「これ、どうしたらいいか、わからないです」

「自分では、わからなくて」

といちいち、聞いていると、周囲の人から

「あいつは、まだダメだ」

「仕事がわかっていない」

と思われてしまう。

すると悔しいし、自己肯定感がますます下がってしまいそうなので、どうしたらいいか、本当はわかっていなくても、わかったふりをして、ついやりすごしてしまう、というわけです。

しかし、こうしたことが積み重なって、いいことが起きないのは、誰でもわかることです。

「ひとにものをたずねるのは、実力不足の証である」という考えを捨てましょう。

小さなプライドにこだわらず、ひとにものをたずねることができるのは、むしろ、長い目で見ると、着実に力を付けていくためには必要な、不可欠な「能力」なのです。

もっと深刻な悩みを抱えている場合は、なおさらそうです。

授業が成り立っていない。

指導がまったく入らない。

保護者とうまくいかない。

こうした悩みを抱えているときは、ためらわずに、周囲のひとに相談しましょう。

一人で困りごとを抱え続けるのはかえって、無責任。問題をこじらせてしまうだけです。

悩みをひとに相談できること。

助けを周囲に求めることができること。

これは、長く教師を続けていくために必要な「能力」です。

これを私は「援助希求力」と呼んでいます。

ひとに、自分から助けを求めることのできる力のことです。

「援助希求力」を身に付けましょう。

「助けられ上手な教師」を目指しましょう！

もろとみ・よしひこ　明治大学文学部教授。教育学博士。日本トランスパーソナル学会会長、日本教育カウンセラー協会理事、日本カウンセリング学会認定カウンセラー会理事、日本生徒指導学会理事。気づきと学びの心理学研究会アウエアネスにおいて年に7回、カウンセリングのワークショップ（体験的研修会）を行っている。教師を支える会代表、現場教師の作戦参謀。臨床心理士、公認心理師、上級教育カウンセラー、ガイダンスカウンセラー、カウンセリング心理士スーパーバイザー、学校心理士スーパーバイザーなどの資格を持つ。単著に『教師が使えるカウンセリングテクニック80』（図書文化社）、『いい教師の条件』（SB新書）、『教師の悩み』（ワニブックスPLUS新書）、『教師の資質』（朝日新書）ほか多数。テレビ・ラジオ出演多数。ホームページ：https://morotomi.net/ を参照。『速解チャート付き 教師とSCのためのカウンセリング・テクニック』全5巻（ぎょうせい）好評販売中。

先生の幸せ研究所 学校向けの業務改善・
組織風土改革コンサルタント
若林健治

[リレー連載・第4回]

目的ワークで仕事の上位目的に迫る

　私は以前お世話になった方から「若林君、手段は必ず目的化するんだよ、必ずね」と言われたことがあり、今でもその言葉が強く脳裏に焼き付いています。手段が目的化するとはよく言われますが、「必ず」がつくと重さが違います。全ての仕事や業務は段々とすること自体（手段そのもの）が目的化していき、本来の目的が置き去りになってしまいます。それを防ぐためには、どんな人や組織でも必ずそれが起こるものだと捉え、目的に立ち返ることの大切さを自覚する必要があります。

　学校でも過去から受け継がれてきた仕事があり、もはや何のためにやるのか誰にもわからないまま続けていることも多いのではないでしょうか。そんな当たり前や前提となっている仕事の目的を考えて上位目的に迫り、それを羅針盤に手放せる手段を見出すのが「目的ワーク」です。前回の「時間予算ワークショップ」と比べて少し抽象度や難易度が高いのですが、見つめ直したい校務や教育活動を選んで、ぜひ皆さんの学校でも試してみてください。

●◯ 「目的ワーク」の流れ

　これから実際のワークの流れをご説明しますが、テーマを設定するところと、その目的（「何のため？」）を出していくところは難しいと感じる人が多いかもしれません。キレイな答えを見出してスッキリしようと急ぐよりも、むしろ"モヤモヤする気持ちの奥にあるものは何か？"をじっくり探求していく方が本質に迫れるでしょう。

[事前準備]

① 目的を考えたいテーマをいくつか挙げておく。
　例）校内研究、宿題、通知表（の所見）、連絡ノート、行事など

② チーム分け：1チーム4名程度で話しやすいメンバー同士

③ 準備物：模造紙、付箋（できれば同色）、ペン、A4用紙

[ワークショップの流れ]

① 各グループで目的を考えたいテーマ（手段）を決める。

② 設定したテーマの前提となる理解や情報を共通理解するため、関連意見や情報を出し切る（起源・そもそも・言いにくいこと・言っても無駄なこと・メリットデメリット・すでにある他の案）。

③ その手段の目的を挙げて発散させてから、より上位の目的に迫る（見出す）。

　• 何のため？　どんな良いことがあるからやっている？（何を避けるためにやっている？）

　• あるいは、なぜやっていない？　どんな良いことがあるからやっていない？（何を避けるためにやっていない？）

④ 見出した上位目的を達成するために、現行の手段から「手放せること（一部や全て）」や「新たなアイデア（第3の案・目的とゆとりを満たす案・創造的な案・よりよい納得解）」を考える。

　実際にワークをやってみた際の画像（【図1】）を見るとわかりますが、何のためにやるのか？　やらないのか？　が発散するので、そこから上位目的に

わかばやし・けんじ　東京工業大学卒業後、総合コンサルティング会社に入社し、企業向けの経営改革・業務改革プロジェクトを手掛ける。その後、双子の娘の誕生がキッカケになり、「なりたい自分」や「つくりたい世界」に向かって自ら学び、自分を変えていける人で溢れた社会を目指して、ここ数年は学校や教育行政の主体的な変革を後押しする仕事にシフトしている。令和3年度経済産業省「未来の教室」実証事業「教師のわくわくを中心にしたPBL型業務改善」をはじめ、多数の自治体や学校で伴走支援や働き方改革の研修講師を担当している。

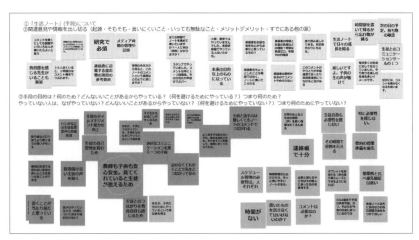

【図1】

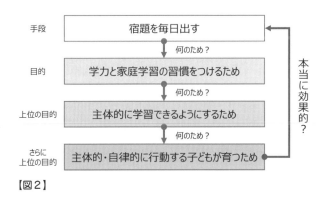

【図2】

迫る（見出す）ところは少し難しいかもしれません。

上位目的を達成するために現状の手段は適切か？

　上位目的が定まったら改めて現状の手段と見比べてみます。例えば、ある学校では宿題をテーマに目的ワークを行った結果、そこにギャップがあることがわかりました（【図2】）。「主体的・自律的に行動する子どもが育つため」に、先生が毎日出す宿題を、子どもが言われるがままこなすことは、目的達成につながらないのでは？──とずれが生じ、結果的に宿題を廃止し（手放し）、日々の頑張りが評価される仕組みに見直しました。

　参考までに他の学校で目的ワークを行った結果をご紹介します。

●研究授業は何のため？

（目的）教職員が勇気づけ合うため

（手放したこと）事前の凝った準備を手放して指導案の枚数を1枚に

●文化祭は何のため？

（目的）日頃の学びを発表する場

（手放したこと）そのための練習や華美な衣装づくり

●給食を担任が見るのは何のため？

（目的）スムーズさ

（手放したこと）担任が見るのをやめ、交代してもスムーズなルールづくり

　ここで挙げた上位目的に違和感を覚える方もいるのではないでしょうか。それがまさに「目的ワーク」の難しさであり醍醐味です。つまり、同じテーマでも学校や先生によって上位目的は異なるため、結果的に手放せる手段も変わってきます。あくまで大切なことは、今まで当たり前や前提だと思っていたことに対して、「何のため？」と問い直すことで本当に必要なことと手放せることが明確になり、一部でも改善のアイデアを見つけることです。特に経験豊富な先生ほど「手段が目的化」していることに気づきにくいので、若手の先生が感じている違和感を教えてもらうのも一つのやり方です。

[第4回]

SDGsは事務室から

学校法人湘南学園学園長 **住田昌治**

■ あなたの学校にも必ずあるSDGs

先日、横浜市公立学校事務職員研究協議会の役員の方々が湘南学園にいらっしゃいました。全体研修会での講演の依頼と打ち合わせが目的で、その講演内容が「ESD/SDGs」に関することでした。

なぜ、「ESD/SDGs」なのかと会長に尋ねると「学校事務職員の仕事は、経理、管財、文書・情報、給与、就学、福利厚生など多岐にわたっていますが、その領域における専門性をより一層高めるとともに、広い視野で積極的に学校運営に参画することが重要です。物品購入に日常的に関わっていても、その物品を教員が何のために必要としているのか、他に必要なものはないのか、代用できるものはないのか、自分たちが直接関わることはないのか…と考える必要があると思うのです。特に、最近はESD/SDGsに関する物品購入の依頼が増えていて、事務職員もSDGsについて知っておいた方がいいのではないかと思うのです。前回、SDGsの研修会をやった時に参加者が多かったのは、事務職員の間でもニーズが高まっているからだと思います」という回答でした。

また、子どもたちが知っているのに、自分たち大人が知らないというのは恥ずかしい、ぜひ一緒に考えられるように学びたいという声もありました。「ESD/SDGsはやらない」

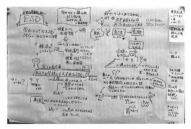

講演打合せメモ：ESD/SDGsを知る

という選択肢は、もはやないのではないでしょうか。世界には持続不可能性が蔓延し、待ったなしの状況を呈している社会において、「やらねばならない」というくらいの危機感があるのかもしれません。現在では小学生、もしかしたら幼稚園児まで、SDGsを知っているかもしれません。子ども番組でもSDGsのロゴや話、取組みが紹介されることがあります。もちろん、教科書にも出てきますので、子どもたちの認知度は高く、自分にできる活動をすることで、SDGs達成に向けた意識も高くなってきています。大人が子どもに教えるのではなく、子どもから大人が教えてもらう、または、一緒に学び合ったり、活動したりするという特徴があるのがESD/SDGsであり、そこに、年齢制限はないのです。

さて、事務職員の方々に向けて何を話すか？──できるだけ分かりやすく、自分事にしてもらいたいと思います。そこで、「皆さんが今までやってきたことは、SDGsであり、皆さんは既にSDGsの実践者です。横浜でやってきたESDの特徴にも目を向けてみてください」という話をしようと考えています。

SDGsには、17のゴールごとに10個程度のターゲットがあり、具体的な数値やどのようにゴールを解決していくかが説明されています。例えば、ゴール4には、7番目のターゲットとして「2030年までに、持続可能な開発と持続可能なライフスタイル、人権、ジェンダー平等、平和と非暴力の文化、グローバル市民、および文化的多様性と文化が持続可能な開発にもたらす貢献の理解などの教育を通じて、すべての学習者が持続可能な開発を推進するための知識とスキルを獲得するようにする。」とESD

すみた・まさはる　学校法人湘南学園学園長。島根県浜田市出身。2010〜2017年度横浜市立永田台小学校校長。2018〜2021年度横浜市立日枝小学校校長。2022年度より現職。ホールスクールアプローチでESD／SDGsを推進。「円たくん」開発者。ユネスコスクールやESD・SDGsの他、学校組織マネジメント・リーダーシップや働き方等の研修講師や講演を行い、カラフルで元気な学校づくり、自律自走する組織づくりで知られる。日本持続発展教育（ESD）推進フォーラム理事、日本国際理解教育学会会員、かながわユネスコスクールネットワーク会長、埼玉県所沢市ESD調査研究協議会指導者、横浜市ESD推進協議会アドバイザー、オンライン「みらい塾」講師。著書に『カラフルな学校づくり〜ESD実践と校長マインド〜』（学文社、2019）、『「任せる」マネジメント』（学陽書房、2020）、『若手が育つ指示ゼロ学校づくり』（明治図書、2022）。共著『校長の覚悟』『ポスト・コロナの学校を描く』（ともに教育開発研究所、2020）、『ポストコロナ時代の新たな学校づくり』（学事出版、2020）、『できるミドルリーダーの育て方』（学陽書房、2022）、『教育実践ライブラリ』連載、日本教育新聞連載他、多くの教育雑誌や新聞等で記事掲載。

に取り組むことが示されています。

　全部で169あるターゲットを意識してみることによって、事務職員の皆さんがやってきたことが、持続可能な社会づくりに役立ってきたことを伝えたいと思います。ESDについて知ることで教育活動への関心を高め、授業づくりについても関わっていけるようになると、より円滑な学校運営に資することができるようになります。「ESD/SDGs」は決して他人事ではなく、遠い世界の話でもなく、新たに出てきた話でもなく、ずっと身近にあった話なのだと気づき、すべての人が当事者になることが大事なのだと思います。

かながわSDGsパートナー

　私が勤めている学校法人湘南学園は「かながわSDGsパートナー」に登録して活動しています。幼稚園・小学校・中学校・高等学校の総合学園として登録している教育機関は他にはありません。そして、その窓口を務めているのが事務局です。事務局長を中心に事務局、幼稚園・小学校・中学校・高等学校が協力して活動しています。しかも、湘南学園カフェテリアを運営している「NPO法人湘南食育ラボ」も「かながわSDGsパートナー」に登録して活動しています。一つの敷地内で二つの団体が登録されている、SDGsへの意識が高い学園とも言えます。

　その取組みの一つに「フードドライブ」があります。10月は「食品ロス削減月間」です。学園では昨年に引き続き、フードドライブを実施することにしました。各家庭で消費しきれない食品等を持ち寄り、フードバンクに寄付することで、食品ロスの削減、子どもの貧困の解消につながるというSDGsアクションの取組みの一つです。「もったいない」「分かち合い」「ありがとう」をキーワードに、フードバンクふじさわを通して支援を必要とされている方にお届けします。ESDでは、「分け合え

かながわSDGsパートナー
登録証

ば足りる」と言われてきましたが、食品ロスを減らし、食べ物の価値を活かすこと、フードバンクを通じて、地域の助け合い・支え合いを実現すること、生活に困っている人・社会的に弱い立場にある人々の食のセーフティーネットを目指すことの必要性を改めて確認することができました。学校法人としてのSDGsの取組みの窓口が事務局になっていることは、ESDが授業の中だけ、教員だけで行うのではないということを示しています。

　「ESD/SDGs」の取組みは、教室の中だけでやるものではなく、学校全体でやるものです。ですから、教員、講師、事務職員、学校図書館司書、用務員、調理員、警備員、支援員…、さらにPTA、地域コーディネーター、学校運営協議会…、さらに地域、企業、行政、NPO…と広がりながら、つながりながら、進めていくのです。

幼稚園でのフードドライブ実施

授業の事例研究で大事にしていること（3）
授業実践を見るということ、何を見るのか

学びの共同体研究会
佐藤雅彰

茨城県牛久市教育委員会
「未来を拓き　地域を担う　人づくり」

　茨城県牛久市（根本洋治市長）では、染谷郁夫教育長の下、「未来を拓き　地域を担う　人づくり～市民だれもが学び合う『学びの共同体』づくり～」を基本理念に、教師たちと市民が「質の高い学び」や「協同的な学び」について学び合っている。特に「協同的な学び」によって、子どもたちの学びに向かう力、安心で居場所のある教室づくり、自己有用感や自己肯定感など豊かな心を育てている。

　また、各学校が外部講師を招聘し、地域ぐるみで授業検討会を実施している。こうした取組は全国的に見てもそう多くはない。

【実践事例】茨城県牛久市立中根小学校
小学校2年
「国語」詩を味わう
中村美帆教諭（2022年10月4日実施）

　事例は牛久市立中根小学校（豊嶋正臣校長）の詩の授業である。

　これまでの詩の授業では、ことばの意味や作者の心情の理解が授業の中心であった。中村先生の挑戦は、詩の中のことばの音韻のおもしろさ、音の響きを子どもたちとともに楽しむことだった。

詩を読むということ、
「解釈・理解」か「音の響きを楽しむ」か

　多くの教師が詩の授業は難しいという。短いことばで書かれた詩を理解させようとするため、授業のイメージが具体化できないからだろう。

　谷川俊太郎は「『詩をわかる』『詩を理解する』と言う言い方自体に、僕はすでに誤りがあるんじゃないか。言葉が身体に入ってくると身体が動く」（『詩の授業』国土社）と書いている。

　このことを踏まえ、本時の目標は「音読を通して音の響きを楽しみ、描かれていることを具体的に想像できる」と音読を中心軸に据え、次のような授業構造になっていた。

共有の問題 （授業前半）	自分やみんなには、どんなようすが思いうかんでいるだろう
ジャンプ問題 （授業後半）	机は、どんな思いでいるだろう

　準備されたのは次の詩である。

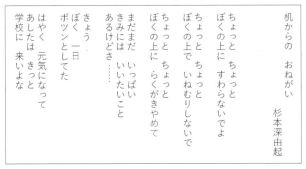

〔出典〕杉本深由起（詩）、松田奈那子（絵）『学校はうたう』あかね書房、2022年

（1）どう詩と出会わせるか

「詩を味わう」ということは、文中のどの「ことばを食べる」と「どんな味がしたか」を考えることである。しかも読むということは、書かれたことばの内容世界を読み手の心の中にどう作り上げるかが大事になる。

そこで、詩と子どもとをどう出会わせるかが問題になる。その方法として教師自身が読んで聴かせる、子ども一人ひとりが音読する、みんなで一斉に声を合わせて音読する、などがある。授業者は黙読を選んだ。

（2）黙読での「笑い」が学びの出発点

黙読をする子どもの表情を見ると、何人かの子どもが笑顔で読んでいる。授業者は子どもをよく見ていた。黙読が終わったところで「加藤さん、笑ってたね。どうして？」と尋ねる（以下すべて、子どもの名前は仮名）。

加藤さんは、「机がお願いするなんて、ありえない」と。人間でもない机が、人にお願いするおもしろさを笑ったのだろう。この「笑い」が詩を学ぶ出発点となった。

ことばが自分の身体に入るということ

黙読後は音読になった。子どもの読みの速度はゆっくりだった。内容を理解しようとするときほど、ゆっくりした読みになる。それだけでなく、理解しようとして読むから音の響きやリズムなどを楽しむ余裕はない。

6分間、一人ひとりの音読、代表の子ども3人の音読など何度も何度も音読が繰り返される。詩子さんは友達の音読を「うんうん」とうなずきながら聴いていた。すかさず授業者は「詩子さん、何でうなずいたの？」と尋ねる。

詩子さんは、「弘さんは、『まだまだ　いっぱいある』のところで、まだいっぱい言いたいことがあるから『い〜っぱい』と伸ばしてる」と答える。

「いっぱい」が身体に入ってくると「ことば」が絵空事ではなく自分自身の出来事になり身体が動く。身体が動き出すと子どもの読みは速くなり表現にも変化が起き、読みがリズミカルになった。

おもしろいことに、最初の3連の「ちょっとちょっと」の表現が子どもによって異なっていた。小さな声で読む子、だんだんと怒っているように声を大きくする子、逆にだんだん小さく読む子。自然に身体が揺れる子。音の響きを楽しむということは、こういうことを言うのだろう。

写真1は、音の響きやリズムを楽しむ子どもの表情である。

もちろんすべての子どもが楽しんで読んでいるわけではない。6分間の音読だったが、ことばが身体に入るためにどれだけの時間をかけたらいいのか。決まりはないが、もっと音読に時間をかけてもいいと思った。なぜなら、音読を重ねるごとに読みの変

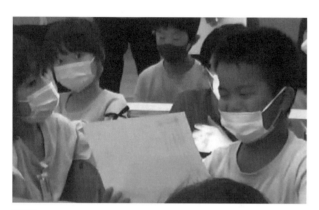

写真1

化が見られたからである。

■ どのことばが気になったかを絵に描いたり、ことばにしたりして、ペアで探究と協同

（1）どんな「ことば」や「こと」が子どもたちのこころに入ってきたのか

　文学の学びでは「解釈と理解」を目指し、部分部分のことばにこだわって読みを深めていくことが多い。それに対して詩は、解釈よりも音（声）のおもしろさを追求することにある。

　授業者は、子どもが詩のどんな「ことば」に出会っているかを知るため「どんなことばが気になったか、どんなイメージが浮かんだかな」とプリントに描かせている。

　子どもたちの思考の跡を見ると二つに大別できる（**写真2**）。一つは出来事を絵で描く子。もう一つは感じたことをことばで書く子である。

　左側の写真では、「こと」（出来事）を視覚的に描き、右側の写真では、気になることばに線を引き、そのことばから浮かんだイメージ「わけ」（思い）をことばにしている。

写真2

（2）書いたことをペアや全体で交流しながら机の思いを知る（探究と協同の学び）

　書き終わるとペアでの学び合いになった。小学校低学年の子どもたちは友達との学び合いが大好きである。何よりもこの学級の子どもたちの関係性や聴き合う姿が大変すばらしい。指示もないのにテキストに戻って考えたり、一緒になって読んだり楽しそうな雰囲気である（**写真3**）。

　加藤さんは、「まだまだ　いっぱいあるって、書いてるけど、たくさん嫌なことがあるんだ」と言う。原木さんは、「前の四つ（4連）が『やめてほしいこと』で、あとの二つ（2連）は『お願い』」

写真3

さとう・まさあき　東京理科大学卒。静岡県富士市立広見小学校長、同市立岳陽中学校長を歴任。現在は、学びの共同体研究会スーパーバイザーとして、国内各地の小・中学校、ベトナム、インドネシア、タイ等で授業と授業研究の指導にあたっている。主な著書に、『公立中学校の挑戦―授業を変える学校が変わる 富士市立岳陽中学校の実践』『中学校における対話と協同―「学びの共同体」の実践―』『子どもと教室の事実から学ぶ―「学びの共同体」の学校改革と省察―』（いずれも、ぎょうせい）など。

と、詩の二重構造を指摘する。また里奈さんは、「いつも座る友達が、一日休んだから何があったのか心配してる」と、詩の内容を読み取っている。語彙力の少ない子どもの読みは浅いが、友達の気づきから学んでいた。

全体での交流のとき、智雄さんの「机は二つのお願いをしている」という発言から、「お願い」の追求になる。

授業者は、発言が一部の子どもだけにならないように、子どもの発言に対し「聴く―つなぐ―戻す」を実行した。この指導技術によって、すべての子どもが学びに参加できる。

例えば、智雄さんの「二つのお願い」に対してはペア活動につないで考えさせる。子どもたちは、二つのお願いについて、テキストに戻って「ここがやめてほしいこと、ここがお願い」と確認し合っていた。

さらに、里奈さんの「やめてほしいことが、三つある」に対しては、テキストの「ちょっと　ちょっと」に戻って確認する。できれば、その部分の4連を音読させるとよかった。

「お願い」についても「病気を治して元気に学校に来いよ、とお願いしてる」と。子どもたちは、ペアと全体での協同によって机の二つのお願いを十分に理解できた。

けれど、子どもたちは机の思いがわかってくると、くどくどとした話し合いを嫌い、緊張感を失い退屈する表情が見られる。授業者は子どもの状況を見て、いいタイミングで「読み聞かせごっこ」に転回した。

「読み聞かせごっこ」と ジャンプ問題「机は、どんな思いでいるだろう」

「読み聞かせごっこ」は、Ａさんが読み手、Ｂさんが聞き手、音読が終わると聞き手は読みのどこが「おもしろかった」かを返す。低学年の子どもは照れが少ないだけ机になりきって友達に読み聞かせている。

ところで「読み聞かせごっこ」を含めてジャンプ問題に入るまでの約37分間、音読を通して音の響きやリズムを楽しみながら机の思いも知ることができていた。

それを考えると、当初のジャンプ問題よりも「読み聞かせごっこ」をジャンプ問題にしてもよかった。

「机（作者）の心情を読み取る」ことは、結局のところ解釈になってしまう。谷川俊太郎の「詩を理解するという言い方自体に誤りがある」という指摘を考えると、「読み聞かせごっこ」はよいアイディアだった。

この活動で、子どもたち一人ひとりが言葉に対する想像を膨らませ個性的な読みを成立させることの方が大切だ、と学ぶことができた。

詩の授業の出発点は「笑い」だった。

個性的な音読を「楽しむ」で終わりたかった。

非行少年の隣に立って接するために

「生徒指導提要」の改訂版は、8月の協力者会議で提示された「案」が座長一任となり、近日中にデジタルテキストとして公開される予定である。今回の連載では、その案の中から「少年非行」の章を取り上げる。

この文章を読んでくださっている先生方の中には、近年非行少年を見かけなくなったと感じていらっしゃる方も多いかもしれない。実際に、刑法犯として検挙された少年の人数は、2003年の16万5973人を境に減少を続け、2020年では2万2552人と、17年前の7分の1以下に減少している（法務省法務総合研究所編 2021）。

にもかかわらず、今回あえて少年非行の章を取り上げるのは、他の課題に対する生徒指導にも応用できる重要な内容が含まれているからである。以下では2点に絞って紹介したい。

正確な事実を聴き取る技法

1点目は、子どもから事実を聴き取る方法についてである。学校では、非行に限らず、いじめや暴力行為、子ども同士のトラブルなど、事実を正確に把握したうえで対応を進めなければならない事案がたびたび起きる。そうした事案では、事実確認が不十分なまま教員の思い込みで指導を行うと、子どもや保護者からの信頼を失いかねない。しかし、子どもから事実を聴き取る際には、話の内容が二転三転し

たり、他の子どもの話と矛盾していたり、回答が教員の質問に引っ張られてしまったりと、困難がたびたび起こる。そのため案では、警察や児童相談所等で行われている代表者聴取（協同面接とも言う）の技法が紹介されている。

ポイントは以下の4点である。第1に、多人数で何回も聴取するのではなく、担当者を1人に限定し、極力少ない回数で周到な準備のもとで行う。これは、聴取の繰り返しによる子ども（特に被害者や事件の目撃者）の精神的負担をできるだけ避けるために行われる。

第2に、聴取の対象となる子どもが複数である場合、全員を同席させて聴取することは望ましくない。自分が記憶していない内容を他の子どもが話しているのを聞いて、自分の記憶であるかのように記憶を書き換えてしまう危険性があるためである。また、子どもたちの間に上下関係が生まれている場合、同席する他の子どもを気にして正確な事実を話しにくくなることも念頭に置いている。

第3に、聴取の際には、「何があったのか、憶えていることを最初から最後まで全部話してください」「さっき○○と言っていたけど、そのことをもっと教えてください」のような、オープン質問（自由再生質問）を用いる。これは、子ども本人の自発的な語りを導き、より正確な記憶を引き出すために行われる。

一方で第4に、「はい」「いいえ」で回答を求めたり選択肢を提示したりするクローズド質問や、「○

東京学芸大学准教授
伊藤秀樹

●Profile●

いとう・ひでき　東京都小平市出身。東京大学大学院教育学研究科博士課程単位取得退学、博士（教育学）。専門は教育社会学・生徒指導論。不登校・学業不振・非行などの背景があり学校生活・社会生活の中でさまざまな困難に直面する子どもへの、教育支援・自立支援のあり方について研究を行ってきた。勤務校では小学校教員を目指す学生向けに教職課程の生徒指導・進路指導の講義を行っている。著書に『高等専修学校における適応と進路』（東信堂）、共編著に『生徒指導・進路指導──理論と方法　第二版』（学文社）など。

○だったよね」といった質問は、聴取する側がもつ情報や考えが反映された誘導質問になりがちなので避ける。誘導質問になることで正確な事実の聴き取りが妨げられたり、勝手な決めつけとなって子どもが反発心を抱いたりする危険性があるためである。

こうした代表者聴取の技法は、子どもとの面接の際に、傾聴・受容などのカウンセリング技法と併せて用いることもできる[1]。どちらも児童の最善の利益や意見を表明する権利を保障するための技法であり、状況に応じて組み合わせていくことが望ましいだろう。

被害が加害を生む

２点目は、非行少年は加害者であると同時に被害者でもあり、そのことが非行からの離脱を難しくしているということである。こうした状況は、いじめや暴力行為として捉えられる加害行為全般にも一定程度あてはまるのではないかと考えられる。

まず例として挙げられるのが、虐待の被害と非行との結びつきである[2]。案では、乳児期・幼児期における保護者からの被虐待や不適切な養育は、人と信頼関係を築くことの困難や愛情の欲求不満へとつながり、小学生のときから盗みをするなどの初発年齢の早い非行に結びつきうることが記されている。そして、そうした非行は容易には改善せず、常習化したり本格的な非行へと発展したりすることがあるという。

また、非行を続ける中で他者から暴力の被害や性的被害に遭うこともある。案では、子どもがそうした生命や身体の危険に遭い、傷つき、怒り、絶望といった感情を体験することで、他者への不信や回避、反抗的・攻撃的態度という反応パターンになり

うることが示されている。また、そのことによって対人関係がうまくいかず、自尊感情が低下していってしまうという悪循環も指摘されている。

教員の非行少年への関わり方について、案ではそうした子どもの背景をふまえて、「何よりも大切なのは、関心を持って児童生徒としっかりつながること」（p.163）だと記している。そして、「児童生徒との関係性やつながりをつくるためには、教職員は児童生徒と境界線をはさんで対峙するのではなく、その境界線をまたいで児童生徒の隣に立って接するという姿勢も大切です」（p.163）と述べている。

子どもの加害行為や反抗的・攻撃的態度だけに目を向けていると、心情的に「隣に立って接する」という態度をとるのは難しいかもしれない。しかし、そうした加害行為や反抗的・攻撃的態度は、過去の被害経験によって相手の言葉や表現、視線などの細かい手がかりに気づけなくなり、一方的に相手が敵意をもって向かってきたと判断するようになった結果の「反応的攻撃」であるかもしれない。行動の背景を考え、「これまでの被害がそうさせているのかもしれない」という視点で子どもを捉えると、関わり方も自ずと変わってくるのではないだろうか。

［注］

1　子どもとの面接の際に用いることができるカウンセリング技法については、現行の生徒指導提要のp.103に詳しく記載されている。

2　少年院入所者のうち男子の約４割、女子の約７割は、保護者等からの虐待を経験している（法務省法務総合研究所編 2021）。

［引用・参考文献］

・法務省法務総合研究所編，2021，『令和３年版 犯罪白書──詐欺事犯者の実態と処遇』.

思いや願いをもち、主体的に学ぶ児童を目指して

岩手県盛岡市立杜陵小学校

盛岡市立杜陵小学校は、創立94年目の歴史ある学校である。校訓に「大志」を掲げ、互いに磨き合い心身ともにたくましく人間味豊かで、自ら学び、自ら生み出していく児童の育成を目指している。

本校は、盛岡市内の中心に位置し、鮭ののぼる清流中津川をはさんで、四季の景観の美しい盛岡城跡公園を目前にしている。学区は、官公庁や商店街として人通りの多い地域、昔のたたずまいが残る地域から成っている。学区内には、郷土の先人である新渡戸稲造生誕の地や石川啄木の歌碑、宮沢賢治の詩碑などがあり、偉大な先人の残した業績や生き方を身近に感じることができる。また、保護者や地域は学校に対して温かく協力的であり、児童は、恵まれた学習環境の中で学校生活を送っている。

本校の研究の重点

今年度、本校では「思いや願いをもち、主体的に学ぶ児童を育成するために、生活・総合における探究的な学びがどうあればよいか」について研究を進めている。

重点は以下の2つである。

重点1　つながりを意識したカリキュラム・マップの作成と活用
重点2　主体的な学びを促進する教師の手立て

重点1のマップは、教師が児童の思いや願いをもとに地域素材を生かし、「人・もの・こと」とのつながりや付けたい資質・能力や探究課題を基にして、各授業者が単元づくりに役立てている。

このマップは、児童の思いや願い、実際の活動に

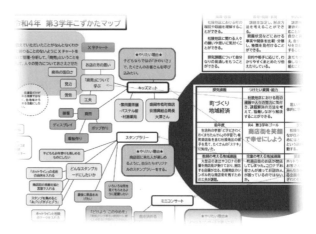

3年生　カリキュラム・マップ

合わせて何度も更新しながら活用してきた。時代の流れと共に変化している地域社会において「どの地域素材をどのように生かしたらよいのか」「どんなことができて、どんな力を児童に付けることができるのか」と常に考えながら単元づくりを進めた。マップを作成したことで、他教科における学びや地域社会とのつながりを意識し、学びや学びの可能性を可視化して俯瞰して見たり学習を広げたりした単元づくりを行うことができた。そして、改めて地域素材や地域のよさを見つめ直し、単元づくりに生かすという点においても有効であったと考える。

重点2の教師の手立ては、以下の3つである。

手立て1　自己選択・自己決定を通した振り返りを設定する
手立て2　考えるための技法を活用する
手立て3　思考ツールを活用する

主体的な学びを促進する教師の手立てに重点をおいた3年生の実践を紹介する。

「ホットライン幸せプロジェクト」

本校の恵まれた地域素材を生かすことで、児童が地域への興味・関心を高め、主体的に学び、地域への誇りと愛着を深めることのできる単元づくりを行いたいと考えてきた。

3年生は、地域の商店街とのつながりを大事にしながら学習を進めている。全長365m、県内唯一のアーケードがある商店街である。生活科「まち探検」の学習で育まれた「ホットライン肴町は地域自慢の商店街」という思いと、コロナ禍における商店街への影響を心配する児童の思いから、この単元は始まった。「商店街に来た人が笑顔になり、幸せな気持ちになれるようにしたい」という願いを実現させるために、「ホットライン幸せプロジェクト」を立ち上げた。自分たちにできることはないかと児童が考えたプロジェクトの内容は、自ら商店街で商品を売る「キッズマート」、聴いた人が幸せになるような「ミニコンサート」、子どもからお年寄りまで楽しめるような「スタンプラリー」の3つである。

繰り返し「人・もの・こと」とかかわる 単元づくり

思いや願いの実現に向けた活動において「人・もの・こと」と児童が繰り返しかかわることを大切にしている。カリキュラム・マップを基に単元構想図を作成し、意図的・計画的にかかわることができるようにした。

商店街の実態調査、実際に商品を売るための研修など、商店街に出向いたり、商店街の方々に来校してもらったりしながら、繰り返し交流する機会を設けてきた。この学習は、地域の方の協力があってこその活動であり、児童は、商店街やお店の方とかかわることにより、商店街の方々の商売に対する思い

や地域を盛り上げようとする努力を強く感じている。

商品の特徴について店員さんから学ぶ児童

商店街にて組合局長から肴町商店街について学ぶ児童

【手立て1】自己選択・自己決定の 機会を増やす

児童が、課題を自分ごととして捉え、主体的な学びを進めることができるように、自己選択・自己決定の場面を意図的に設けてきた。

> **＜自己選択・自己決定の活動の例＞**
> ・商店街についての調査内容を決める
> ・調査方法を決める
> ・活動における役割を決める
> ・商店街を盛り上げるための活動を決める
> ・商売したい店や売る商品を決める

この他、キッズマートと同日に開催するミニコンサートやスタンプラリーの内容など、活動の多くを児童自身が自分たちで選択・決定して進めてきた。

児童自らが「何をしたいのか」「どのようにしたいのか」「どれくらいしたいのか」を決め、その理由や根拠を明らかにしながら活動を展開していくことで、児童の課題解決に向かう姿は、本気度を増していった。時に、こちらの予想を超えた発想や力が発揮され、驚かされることがある。本校が目指す主体的に学ぶ児童を育成するためには、教師が見通しや手立てをもちながらも、児童に委ねることが大切なのだと感じている。

どんなポスターにしたいか意見を出し合う児童

自分たちが取り組みたい活動について話し合う児童

明確になるようにした。比較を通して、児童は「思いや願いを書くこと」「ポスターを見た人が行ってみたくなるような説明が必要であること」に気づき、ポスターづくりに生かすことができた。

これまで、他の場面においても主体的に話し合い、思考力の育成を図るべく、適宜考えるための技法や思考ツールを活用してきた。その際には、どのような場面で、どのような思考ツールを用いて考えるとよいか、必然性を明確にするように努めてきた。

【手立て2・3】
考えるための技法と思考ツールの活用

思考を明らかにすることにより本質的な理解や洞察を得ることができると、児童の学びはより楽しく主体的なものとなると考える。そのために、様々な課題解決において適切かつ効果的に考えるための技法を活用させたい。また、その際に思考ツールを活用することで、情報を可視化し、児童の考えが視覚化、共有化され、整理されたり思考が促されたりするようにしたい。

商店街におけるイベントを開催するにあたり「より多くの人に商店街のよさを知ってほしい。だから、みんなが来たくなるようなポスターにしたい」という児童の思いから、作っているポスターを改善する時間を設けた。他のポスターと比較する思考ツールとしてベン図を用い、児童の気付きや思考が

「比較する」段階の板書

何のために使うのか	どのような児童に使うのか
授業のどの場面で取り入れるのか	発達段階に応じた技法やツールはどれなのか

技法やツールを用いる際の4つの必然性

活動のねらいを見つめ直す一言

児童は、現在イベント開催に向けて準備活動に全力で取り組んでいる。ポスターにおいては、自分たちの思いや願いが表れるようなキャッチコピーを考えたり、ワクワクするようなイベント内容を伝えようと説明文を考えたりして作成した。また、ミニコンサートでも、歌で幸せを届けるだけでなく、ナレーションにおいて、自分たちの思いや商店街の魅力を伝える内容を考えている。スタンプラリーにおいては、参加してくれた人に感謝の気持ちを伝えよ

うと「あ」「り」「が」「と」「う」の文字の消しゴムはんこを作成している。また、その景品であるクローバーの折り紙には、「来てくれた人が幸せになりますように」という児童の思いが込められている。

しかし、これまでの活動が全て順調に進んできたわけではない。「もう一度、何のためにこのプロジェクトをやっているのか考えよう」という意見が児童から出されたことで、「自分たちは肴町商店街を盛り上げ、たくさんの人を幸せな気持ちにしたい。そのためには、一人一人が真剣に準備活動に取り組むことが大切であり、協力してくださっている方々に感謝の気持ちを忘れてはならない」と、活動のねらいや思いを確かめ合うことができた。そして、みんなで改善策を見いだしながら、自分たちの目指すゴールに向けて学びを進めてきた。

今後も地域の「人・もの・こと」とのかかわりと主体的な学びを大切にしながら、地域のよさに気付き、自ら進んで地域社会に関わろうとする児童を育てていきたい。

（校長　中村幸子、教諭　守屋恵里）

Adviser's Eye 👀　　　　　　　　　　　　　　　　山形大学教授　**野口　徹**

盛岡市立杜陵小学校（以下「杜陵小」）は、再来年度の生活科・総合的な学習の時間の全国大会会場校である。歴史と伝統を大切に、豊かな環境と丁寧に関わる取組が持ち味である。この取組を注視したときに、令和3年1月の中央教育審議会答申で示された「令和の日本型学校教育」における「個別最適な学び」と「協働的な学び」という、各学校が大切にすべき子どもの学びを押さえていることも指摘できる。ここではそれらを紹介しておきたい。

◆個別最適な学びを担保する

先の答申では個別最適な学びについて「指導の個別化」「学習の個性化」の2点を示し、子どもが「自己調整しながら学習を進めていくことができる」ことを求めている。杜陵小の授業では、これを「自己選択・自己決定の機会」を数多く設定することで担保している。身近な商店街を活気付けることを目指す総合的な学習の時間では、子ども一人一人が商店街に対する個性的で多様なアイディアを生みだすべきである。

誰に対しても忖度する必要はない。自分の思考を明確に表明し、徹底的に議論することが大切になってくる。それを促すのが「自己選択・自己決定の機会」である。子どもが主役となって学習を調整して進めるには、このような自己と向き合う機会を設定することが必須となる。

◆協働的な学びを担保する

協働的な学びは、子ども同士・地域の方々など多様な他者と協働することを求める。本実践では、子どものアイディアとして商店街の魅力を告知するポスターの制作を試みている。ポスターの良し悪しを決めるのは、子ども同士の本音の議論である。また、同じくらいに大切なのが、情報の受け手となる地域の方々の存在である。本実践では、地域の方の存在を顕在化すべく本物の地域のポスターと子どものポスターを比較して分析する場面を設定する。多様な視点が交じり合う吟味が行われ、伝える情報の有意性が議論されていく。必然性を伴った多様な他者との協働である。ぜひ参考にしたい。

子どもが生きる主体的・協働的な学び

子どもと共に学び合う教師を目指して

「教え上手」から「学ばせ上手」へ、教師が教える授業から子どもと共に学ぶ授業づくりへ。本校教職員の意識は着実に変化している。教材研究が学年単位となり、職員室では隣学年間や研究主任との子どもが創る授業づくりへの情報交換も盛んだ。校長として見ていて微笑ましく、そして頼もしく思う。

「子どもが創る授業」に取り組んだのは令和3年度から。西留安雄氏を2度招聘し、授業の在り方を学んだ。今年度は本校職員の「チャレンジしたい」との希望から沖縄県研究指定校「授業改善」を受け、西留氏の3度招聘を活用し、研究主任を中心に日々子どもが活躍する授業づくりに邁進している。

「子どもが創る授業」とは、児童が輪番で学習リーダーとして教師役を務め、子どもたちだけで展開していく授業だ。極端に言うと、教師の出番は5〜10分、残りの40〜35分は子どもたちが思考し対話し協議しまとめていく時間となる。教師の主な仕事はファシリテート、そして子どもたちの学びを確かめ認め、本時で学ぶ見方・考え方を明示的に指導する。今年度は算数中心の計画であったが、国語や社会・理科、道徳等まで広げる学級も増えてきている。

「子どもが創る授業」の詳細は、西留氏の著書『アクティブな学びを創る授業改革』（ぎょうせい）やHP「授業備品」が詳しい。本稿では校長としてどう取り組んできたのかを以下に述べる。

求められる資質・能力と学級づくりの共有

「子どもが創る授業」の重要性と価値を知り、全教職員が一丸となって取り組むには、これからの社会がどうなっていくか、そのために必要な資質・能力とは何かを全職員で共有することが不可欠だ。本校が本気で取り組む「子どもが創る授業」への根拠の共有だ。これには藤原和博氏の講演（YouTube：https://www.youtube.com/watch?v=YPO1xkLY9LY）がオススメである。4月1日、最初の職員会議で、電子黒板に藤原氏の講演を流し、途中ブレストでグループワークをしながら視聴した。これからの授業は教師主導だけでは通用しない、子どもが自ら主体的に学ぶ授業づくり、子どもと教師が共に学び合う授業づくりの重要性を共有できたと思う。さらに教師、そして児童相互が学び合うための信頼関係づくりのために、トマスゴードン著『親業』『教師学』、岸見一郎氏のアドラー心理学の書籍をベースに、「子どもの心を受け入れ受け止める対話の在り方・関わり方」を学校・学級づくりの要として、普段の校長講話や週案へのコメント、校長だより「共に学ぶ 共に創る」等で粘り強く伝えた。子どもが居心地良く自身を発揮できる学級風土づくりにつながっていると確信している。

子どもが創る授業に必要な3つのポイントの共有

本校の取組は何も教師主導型の授業を否定するものではない。時には教師がリーダーシップを発揮し、子どもたちを教え導くことも重要だ。しかし、「子どもが創る授業」にも「教師主導型の一斉授業」にも、①本時の学習展開が子どもたちの既有知識やこれまでの生活経験を発揮できるものであること、そのためには②学習課題を現実の社会的実践に可能な限り文脈や状況を近付けて、子どもたちにとって思考するに値する本物の学び（真正の学び）にすること、そして③教師の重要な役目として、児童が社会の中で活用できる「生きてはたらく知識・技能」にしていくために専門用語等を付加し、「見方・考え方」として明確に指導していくこと、が不可欠だ。①を「有意味学習」、②を「オーセンティックな学習課題」、③を「明示的な指導」と言う。いず

沖縄県豊見城市立座安小学校長
具志直哉

れも上智大学教授の奈須正裕著『次代の学びを創る知恵とワザ』（ぎょうせい）等に学んだ。

これら３つは、教職員にとっても聞き慣れない言葉だ。そのため、先の校長だよりを毎週１号のペースで発行し、教職員に発信した。７月までの第１～４号で学級経営の基盤である「親業」「教師学」を、第５～８号で「有意味学習」を、第９～11号で「オーセンティックな学習課題」を、そして12～15号で「明示的な指導」について詳細に説明した。ただ配付するだけでなく職朝や職員会議等で繰り返し伝え、共有するようにした。今では全教職員にとって聞き慣れた用語となり、授業改善の礎として、教材研究を通して授業づくりに活用している。

教師こそ主体的・協働的になる組織体制の共有

教師は学びのプロである。教師こそ主体的・協働的に教育活動に挑んで欲しいと心底思う。子どもの鏡になって欲しい。だから校長であっても個々の教師の普段の教育実践に口を挟んではならないと思っている。校長の役割は「方向づけ」のみだ。前述した校長だよりや職員会議での経営方針の説明等々で本校教育の方向性を示し、学校評価の「教職員」「児童」「保護者」アンケート、「自己申告書」とも連動させることで、教職員個々のマネジメントサイクルの充実につなげている。

本校の組織体制は３つの部会からなり、部会の長には教育実践策の決定権を与えている。校長への伺い無しだ。流れはこうだ。各部会への提案内容は事前に校長、教頭及び各部会の長が参加する拡大教務会で話し合われ、各部会のメンバーに伝達される。各部会メンバーはそれぞれの学年に持ち帰り、学年会等で学年の意見としてまとめ、部会当日に臨む。各部会で熟議を行い、部会の長が部員の同意を得て

決定。決定した内容は直近の学年会等で全職員に伝達され、実践されていく流れだ。全部会とも部員が学年の意見を持って主体的に参加し、ブレストによる話合いの中で部会長を中心に全員で決定が行われる。校長は部会後の記録簿を見て、「なるほど、よろしく！」と信頼して任せている。

ところで各部会の長へ決定権を与えているが、もちろん基準はある。組織図の下欄には、本校の教育の方向性である「目指す児童像」「評価指標」が各部会毎に掲載されている。各部会の長や部員はこの指標等を目指して教育活動を創意工夫し実践するので、校長の経営方針は各部会の中に着実に生きている。（本校のHP「学校紹介」参照）

児童と教職員の学びへの変容について７月にとった学校評価の一端を紹介する。

【児童アンケート「学力の保障３項目」】

> ○「わかろうとする気持ちを持って、授業に進んで参加」
> 88%（R２）→96%（R４）
> ○「『自分はこう思う』と自分の考えを持って授業に参加」
> 77%（R２）→91%（R４）
> ○「自分の考えを仲間に伝えたり発表したりしている」
> 62%（R２）→64%（R４）　＊課題。伸び悩み

【教職員評価「校内研究」「働くこと」】
＊授業改善の項目がR２にないのでR３と比較。

> ○「わかろうとする気持ちを持って、授業に進んで参加」
> 88%（R２）→96%（R４）
> ○「『自分はこう思う』と自分の考えを持って授業に参加」
> 77%（R２）→91%（R４）
> ○「自分の考えを仲間に伝えたり発表したりしている」
> 62%（R２）→64%（R４）　＊課題。伸び悩み

【全国学テ（国語＋算数＋理科の総合平均）】
全国平均より＋4.9

子どもが創る授業Ⅲ

寸評Good&More

座安小学校の熱さ

高知県7市町村教育委員会授業改善アドバイザー
西留安雄

　豊見城市立座安小学校へ訪問して2年。行くたびに授業改善に向かう先生たちの熱さを感じる。沖縄の熱さだ。この熱意はどこからくるのか考えてみた。

1　かつての授業常識

　最初の訪問時に感じたことだが、多くの学校がこれまでの教師像がガチガチに固まっているように、座安小学校も同じく従来型の教師が進める授業が多かった。授業に自信がある教師であればなおさら、これまでの自分で没頭してきた研究領域から離れられない。こうした教師は、新しいことを受け入れるには時間がかかる。これが日本の学校常識だ。日本は諸外国と比較してアクティブ・ラーニングの授業も遅れている。そこで座安小学校の授業改革を急いだ。

2　研究主任の熱意

　嬉しかったことがある。校内研修を進める上で、研究主任も悩んだと思う。よく連絡をくださった。お話の中で「自分がもう少しうまく説明できればいいのですが」と。奮闘につぐ奮闘。お疲れになったかと思う。だが、前向きに熱意をもって研究をリードされた。

　研究が充実している学校には、「研究主任候補」がたくさんいる。それは、授業改革に自信を持つ教師が増えてくると、研究主任を支える教師が自然と多くなるからだ。このことは、現在の座安小学校も同じだ。研究主任の熱意が先生方に伝わってきたようだ。

3　「子どもが主語」の座安小学校

　座安小学校へは、距離的に遠い理由もあり訪問回数も限られ、子ども主体の授業について、十分な助言ができなかった。座安小学校の研究テーマは子どもが主体となっているが、授業を参観した当初は、子どもを主体とする授業となっているようには見受けられなかった。「学習スタンダード」が定着しきれなかったからであろう。そこから、座安小学校の努力が始まった。その後、訪問するたびに子どもが中心となっている授業を見るようになった。

　なぜ座安小学校は、「子どもが主語」の授業になったかを考えてみた。それは、教師が自分の世界に没頭していることが減ったからだ。すぐに答え探しにはいかない。子どもに学力差があることを全教師が受け止めようとしている。分かる子と教師だけの協働授業となることも極力避けている。先進事例のビデオを鑑賞し、学習スタンダードの徹底、学びの進度に差がある子を大事にする（少人数での対話、分かる子が助ける）等、授業の在り方を先生方が熱く語り合ったからであろう。

4　座安小学校への期待

　今後も座安小学校が沖縄県の授業改革をリードするようになって欲しいと願っている。そのためには、子どもたちが発表し合う学習もよい。グループ学習が多くあってよい。ワールドカフェがあってもよい。プレゼンテーションやディベートのような新たな授業の型へ変えてもよい。とにかくアクティブな活動の多い授業を期待したい。こうした活動がたくさん行われることにより、従来型の授業課題（教師の話を聞く、数人が発表をする）が解決できると思う。具体的には、私たちが大事にしてきた、自分の考えを付箋に出し、友達の付箋から新たな事実に気付く。そして考えを新たに修正していく。小グループで考察したり、全体で確認したりするなど、これまでやっていたことを大事にすればよいだけだ。すなわち「意見を出し合う」「意見の共通点や違いの構造化を図る」「グループや全体で結論を出す」、こうした基本的なことを大事にすればよい。

　座安小学校の熱い校内研修は、沖縄県の先生方の道標になるだろう。私自身もまだまだ見続けたいと思う。

授業備品（No.128）

「西留安雄の教育実践」（ブログ）より

「授業備品」（No.128）仲間にやさしい教え合い

1　子ども目線で「子ども主体」の授業を見直す

　東京の学校で授業改革を行い、授業力や学力を上げる経験を積んだ。教師一人一人のバラバラな授業スタイルを全校のスタンダードに変えることで成果を出せた。そのことから多くの県からの参観者が訪れたが、その中で、ある県から視察に来た教師の言葉が忘れられない。

　「この学校では、先生（教師）が自分流のやり方で教育活動を行うことが受け入れられないような気がします。特に授業は、各先生が自分の判断だけで授業の展開を組み立てていくのではなく、同じ学年の先生方が協力して一つの指導案を作成しています。板書型指導案がよい例です。指導内容を板書計画にし、チーム（メンター）で検討し、学年指導案として作成をします。だから、どの学級でも、ほとんど同じ方法で授業が行われているのです」

　なぜこうした方法を取ったのか。それは、子どもを真ん中に据えた授業を行おうとしたからだ。全教師で学習指導要領の趣旨を分析した。学習指導要領は、これまでも子どもが「自ら学ぶ」ことがキーワードとなっており、指導要領の改訂があっても、子どもが「自ら学ぶ」という文言は続いた。そのことを自校の授業に照らし合わせてみると一つの課題が見えた。「子どもが自ら学ぶ」としているが、教師側からの指導方法や授業改善に終始していたとことだ。授業は、教師が創るのではない。私たち教師は、授業では「黒子」になり、「子どもが授業を創る」ように後押しをする役が求められていることに気付いた。子ども側からの視点で授業改革を進めていくことに気づいたことが授業改革の出発点になった。

　学習指導要領は、「自ら学ぶ」から「主体的」に変わったが、子どもの動き方はさほど変わらない。多くの学校では、その動き方を文章化し、授業改善の工夫がなされている。①教師が「教える」かた「学びとらせる」へ。それは、子どもが「教わる」から「学びとる」ことへの転換だ。②教師の「教えたい」から子どもが「学びたい」に変える。いずれもよい授業改善の目標設定だと思う。そこに、私たちが気付いた子ども目線からの授業改善目標を付け加えたらどうであろう。そのためには、まず、教師主導から子ども主体の授業への転換となるための授業改善チェックが必要だ。

　子どもたちは、毎日学校へ何をしに来るのかを考えてみることも大切だ。授業で了どもが①学習がわからなりれば仲間に聞く、②隣の書いたノートを見ることで理解をする、③一人で効率が悪いから授業という場がある、④友達同士で教え合うのは学校でなければできない、だから学校や授業がある。

2　街角で道を尋ねるような気軽さで友達に聞いてみる

　このことを中心に考えれば、授業は子どもたちにとって「教え合う場」となる。深い学び、協働的な学びだけではなく、子どもたち同士の「教え合い」で授業を進めるとよい。その基本形が問題解決的な学習だ。その中には7～8の学習過程がある。本項では、その中の「ペア活動」に焦点を当ててみる。キーワードは「一人学び＆教え合い」だ。学習課題の自力解決の前に、解決の見通しがもてるかどうかを子どもに聞いてみる。多くの子どもが解決ができるとなれば「自力解決」に移る。そこからドラマが始まる。課題を解決できた子は、解決できない仲間のところに行き一緒に考える。教え教わる場面となる。学習が理解しにくい子は、全体の前で質問し、分かったと意思表示をするのは難しい。だが、仲間との1対1の関係なら聞きやすい。「教え合う」授業は、一見、学習の進度が遅くなると思いがちだが、いったん歯車がうまく回りだすと学習の進度も早くなる。「教え合う」授業が多くの学校で行われることを期待したい。

　私たちは、目的地への道が分からなければ人に尋ねる。ごく当たり前のことだ。こうした街の風景のように学級内に仲間にやさしい「教え合いの場」を創ろう。特に学習の苦手な子にとってのオアシスの場にしたい。

つながりを支えに 今日も「みがく まなぶ きたえる」

愛媛県宇和島市立御槇小学校長
岩﨑明子

本校は、愛媛県宇和島市の南東、高知県境に位置し、四方を千メートル級の山々に囲まれた、標高約250メートルの緑豊かな盆地にあります。校区には田園が広がり、時には鹿や猿などの野生動物も見られる自然豊かな地域です（**写真1**）。地域の方や保護者は教育活動に協力的で、学校行事等にも積極的に参加してくれます。運動会は「丸太切り競争」「縄ない対決」など地域色あふれる競技で大いに盛り上がり、準備や片付けも率先して手伝ってくださいます。学習発表会には保護者とそのOBの方で結成した「御槇劇団」の趣向を凝らした創作劇が披露され、会場から万雷の拍手を浴びます。保護者の中には、この豊かな自然の中で子どもたちに教育を受けさせたいと考え、都会から移住された方もおられ、過疎高齢化が進んでいる御槇地区に新しい風を吹き込んでいます。

昭和30年2月に完成した現校舎は、当時珍しい鉄筋コンクリートの土台に、地元の山から切り出した木材が使用されています。現在のように道路が整備されておらず、協力して必要な材料を運ぶなど地域を挙げて校舎改築に御尽力いただいたそうです。昨年度、本校に着任した日、「新しい校長先生と話

したくてなあ」と地域の方が突然校長室を訪れ、新校舎建築当時の苦労や学校への思いを語ってくださいました。その時、校長室に飾ってある改築前の学校の様子を描いた絵を見ながら「学校や子どもたちは地域の宝やけん、何でも協力するで」と、心強い言葉をいただきました。優しいタッチで描かれたこの絵から、地域の方の温もりと確かなつながりを日々感じています（**写真2**）。このように、地域とのつながりを生かした教育活動や温かい学校支援が本校をしっかりと支えてくれる「根っこ」です。

現在、全校児童は13名。2年生の在籍がないため、1・3年、4・5年、6年の3学級編制です。児童は登校すると、「みまき委員会」の仕事や学級園の世話、運動場の草引きなど朝から一生懸命取り組みます。授業はもちろんのこと、どんな活動でも前向きに取り組み、その姿は下級生児童へと受け継がれています。全員が兄弟姉妹のように仲が良く、一人一人の良さや特性を存分に発揮しています。互いに認め合い、受け止め合うその姿勢は、私たち教

写真1 自然豊かな校区

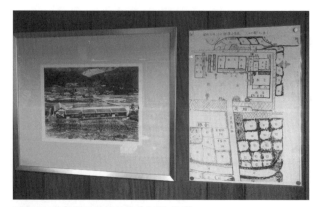

写真2 改築前の学校の様子を描いた絵

写真3 校訓「みがく まなぶ きたえる」の石碑

職員も大いに学ぶところです。人・事とまっすぐ向き合う教育活動、校訓「みがく まなぶ きたえる」が本校の幹です（**写真3**）。言葉の頭文字を順に読むと「みまき」、地域名・学校名となるこの校訓を中心に学校経営に取り組んでいます。児童には、「心を磨く　進んで学ぶ　体を鍛える」と、より具体的に伝えています。

心を磨く【徳】：挨拶・仲間づくり・美化活動
進んで学ぶ【知】：協働的な学び・ICT活用
体を鍛える【体】：健康増進・レジリエンス

教職員は、この幹に沿って、互いに研鑽しながら授業改善に取り組み、児童とともに汗を流し、心に寄り添う指導や支援に努めています。しかし、児童も教職員もまだまだできていないことや未熟な面がたくさんあります。それも理解した上で、互いに補い合いながら教育活動に真摯に取り組んでいます。

私の信条は「教育は人なり」。人とのつながりを最も大切にしたいと考え、「まず、自分から心を開く」ことを心掛けています。在室中、校長室の扉はいつも開けています。来客や教職員、児童等誰でも気兼ねなく声を掛け、入ってきていただきたいからです。相談事など必要な場合は閉めますが、基本的には開けるようにしています。気軽に声を掛けてくださる方が増えたり、教職員が「ちょっといいですか？」と言いやすくなったり、まずまずの好感触です。児童からの「校長先生、遊びましょう」のお誘いも大歓迎です。つながりを強く更に広げる、根から幹・枝葉へつなぐことが私の役割と考え、校長室

の入口にある鏡で表情と心を整え、どんな時も上機嫌で対応するようにしています（**写真4**）。

地域とのつながりを生かした教育活動、苗立てから田植えに草刈り、穫れた米の活用まで考える本格的な米作り、「御槙地区自然を守る会」とともにサギソウの自生地である源池公園を整備する環境保護活動、「山里の元気につなげたい」と地元主婦の方がオープンさせた民宿「みまきガーデン」との交流など、たくさんの温もりに支えられ、児童は生きる力や愛郷心を育んでいます（**写真5**）。また、ICTの活用で学びの機会が豊富になり、多様な人と距離を気にせず交流することができるようになりました。どんどん枝葉が伸びそうです。

つながりを支えに、今日も「みがく まなぶ きたえる」学校を目指し、校長として「人」を大切に、絆をつなぎ続けます。

写真4 いつも開けている校長室の扉と入口の鏡

写真5 児童たちの米作り

教師という生き方について

愛媛大学教育学部附属中学校教諭
薬師神吉啓

 我ら「ゆとり世代」？

現在は、21世紀生まれの教師が誕生しようかという令和の時代ですが、私は、1988年（昭和63年）生まれ、教員生活12年目の34歳です。

さて、誰が呼び始めたのか分かりませんが、私は所謂「ゆとり世代」にギリギリ含まれる世代のようです。今回、このような機会をいただきましたが、自分が「ゆとり世代」であるという自覚が薄かったので、まずは「ゆとり世代」について少し調べてみました。諸説あるようですが、「ゆとり世代」とは、学習指導要領が改訂された「2002年から2011年の間に義務教育を受けた世代」を指す言葉のようで、ちょうど生活科や総合的な学習の時間のスタート、完全学校週5日制が採用された時期でもあります。

「聞いて！ 我ら『ゆとり世代』の主張」ということですが、私自身、「ゆとり世代」というくくりに対して、特別に嫌な思いをしたことも、良かったと思ったこともありません。しかし、いろいろと調べていると、ゆとり世代には、「ストレスに対する耐性が低い」「競争意識が低く安定志向が強い」などの特徴がみられるらしいのですが、あまりピンときません。ただ一つ言えるのは、「あの人は、ゆとり世代だから」ということは、（多分）無いのではないかということです。それは、自分が理解できない他者に対して、何か理由を付けてひとくくりにしたい人が張り付けた単なるレッテルでしかないのではないでしょうか。少なくとも「我ら」の意志ではなく、いつの間にか「ゆとり世代」として一つにくくられ、判断されてしまうことそのものに違和感があ

ります。

中学校には様々な個性を持った生徒たちがいます。「最近の生徒は」とひとくくりにしたくなることもありますが、「多様性を尊重し合う現代の社会において、一人ひとり異なる環境で学び、成長してきた一個人である」ということを前提に接することが大切であると今回の執筆を通して改めて思いました。

 エージェンシーを育む

中学生の時に総合的な学習の時間で取り組んだ内容については、ほとんど覚えていません。地域の歴史について調べたり、発表したりした記憶はうっすら残っていますが、何について調べたか、どんな発見や学びがあったのかについては、全く覚えていません。覚えていない理由はたくさんあるのでしょうが、思い浮かぶ理由の一つに、受け身で授業を受けていたことがあります。調べた内容やまとめ方も、先生がやり方を教えてくれるのを待って、言われるがまま、素直に取り組んでいたのだと思います。

現在勤務している中学校では、今年度から「エージェンシー（理想の実現に向けて現状をよりよくする力）を発揮して、変革を起こす力を持った生徒の育成」を研究主題として取り組んでいます。変化が激しく、先の見通しの持ちにくい時代、知識を詰め込むだけでは対応できないこれからの社会において、生徒たちが幸せな人生を送るための力を身に付けさせるために、どうすれば主題に迫れるのか。まだまだ手探りではありますが、新しいことに挑戦しようとすることに、日々刺激を受ける毎日です。

●Profile

やくしじん・よしひろ　1988年愛媛県宇和島市生まれ。家業の八百屋を継ぐか迷ったが、一度教師をやってみたいということで愛媛大学教育学部へ進学。2011年に技術科の教員として採用され、愛媛県松山市立鴨川中学校で教師生活をスタート。2018年度より、現職である愛媛大学教育学部附属中学校にて勤務。生徒たちに、技術の持つ価値と、考えることの面白さに気付いてもらうため、日々の授業改善に取り組んでいます。今年度は、学生指導部長として、主に教育実習生の指導を担当しており、これまで以上に「教師とは何なのか」を考える日々を送っています。

●モットー

人としてかっこよく生きていきたいじゃないか。

今後の抱負について

私は、技術科を専門としています。以前の技術科といえば、木材や金属を加工したり、はんだ付けでラジオを作ったりするイメージがありましたが、技術の進歩や時代のニーズと共に、生物育成やプログラミングなど、内容が大きく変化している教科です。絶対的な正解ではなく、最適解を求め続ける教科として、これからの時代に必要な力を生徒に身に付けさせることができる教科です。また、教科書に載っている内容だけでなく、先人の知恵や創意工夫、新しく生み出され続ける物や事に対して、常にアンテナを張っていないと、あっという間に取り残されてしまう教科でもあります。

愛媛県の多くの学校では、技術科の教師は各校に一人です。私自身、初任者の時から一人で学級担任、部活顧問、授業準備にと、目が回るような毎日で、本当に教職を選んでよかったのか、悩んだこともありました。未だに自分のことで手一杯で、余裕はありませんが、いつの間にか後輩も増え、様々な場面で責任ある立場に立たせてもらえるようになり、「自分のことだけ」では不十分な立場になりつつあると感じています。悩んでいる若い先生に声を掛けられるのは、同じような経験をしてきた私たちではないかと思うのです。先に生きてきた者として、これまで以上に先生たちと個々のつながりをつくり、後進の育成や、頼ったり頼られたりできるネットワークづくりにも力を入れていきたいです。

教師として「働く」ということ

最後に、まだ10年そこそこしか教師を経験していない私ですが、教師として「働く」ことについて、考えていることを書きます。

教師の「働き方」についての議論が活発に行われるようになって久しく、最近は、講師の先生のお話を聞いたり、同僚の先生方と話題にしたりする機会が増えてきました。「働き方改革」は何を目指しているのでしょう？「効率的に仕事をこなし、時間的な余裕を作ること」「心身共に健康的な生活を送ること」「自己実現に向けて、仕事以外の喜びを見つけること」などなどいろいろな目的があります。しかし、最終の目的は「幸せに生きる」ことではないでしょうか。作業効率を重視したり、無駄を省いたりすることは大切です。しかし、それを理由に一蹴できない部分が教師にはあると思うのです。

「教師」を単なる労働であり、仕事であると割り切ることができれば、すっきりする部分があるのかも知れません。しかし、教師をしていて思うことは、学級や授業で生徒を目の前にすると、生徒のためになると信じることができれば、時間や労力はある程度度外視して頑張れてしまうということです。そして、だからこそ教師は面白いし、一度しかない貴重な人生をかける価値があるのだと思います。

「あなたの職業は？」と聞かれたら、当然「教師です」と答えます。しかし、これは給与を得ることだけを目的として時間を切り売りしているのではなく「生き方として教師を選んでいるし、そのことに誇りを持っている」と胸を張って言えるような教師でありたいのです。

思いつくままに偉そうなことを書きましたが、まだまだ理想とする教師になるための道のりは遠く険しいものです。それでも、いつか振り返ったときに「この道を進んできて良かった」と胸を張って言えるような人生を歩んでいきたいと思います。

●授業時数特例校制度

▶ 「『令和の日本型学校教育』の構築を目指して～全ての子供たちの可能性を引き出す、個別最適な学びと、協働的な学びの実現～（答申）」（令和3年1月26日、中央教育審議会）において、学年ごとの年間総授業時数は確保した上で、教科等ごとの授業時数の配分については一定の弾力化を可能とする仕組みの創設が提言されました。カリキュラム・マネジメントに関する学校裁量の幅を拡大させ、教科等横断的な視点に立った資質・能力の育成や探究的な学習の充実に資する取組を推進することがねらいです。

　これを受け、文部科学省では、「授業時数特例校制度」（教科等ごとの授業時数の配分の変更による特別の教育課程を編成して教育を実施することができる制度）を令和3年7月に創設し、令和4年度から指定を行っています。

　ここでは、本制度に関する文部科学省資料のうち、制度概要、学校・管理機関向けQ＆A、指定校一覧を紹介します。各校のカリキュラム・マネジメント、来年度に向けた教育課程編成、カリキュラム・オーバーロード（カリキュラムの過積載）問題への取組等にお役立てください。

授業時数特例校制度

文部科学省

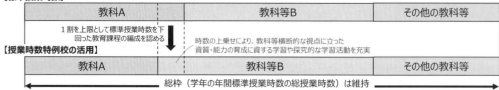

（参考）標準授業時数について

標準授業時数の位置付け

- 標準授業時数は、**学習指導要領で示している各教科等の内容を指導するのに要する時数を基礎**として、学校運営の実態などの条件を考慮して国が定めたもの。

- **小学校・中学校・義務教育学校・中等教育学校の前期課程**では、**学校教育法施行規則において、教科等ごと、学年ごとに標準授業時数を定めている。**

- **各学校においては、標準授業時数等を踏まえ**、学校の教育課程全体のバランスを図りながら、児童生徒・学校・地域の実態等を考慮し、学習指導要領に基づいて**各教科等の教育活動を適切に実施するための授業時数を具体的に定め、適切に配当**する必要がある。

「令和の日本型学校教育」の構築を目指して～全ての子供たちの可能性を引き出す，個別最適な学びと，協働的な学びの実現～
（令和3年1月26日中央教育審議会答申）（抄）

第Ⅱ部 各論
2．9年間を見通した新時代の義務教育の在り方について
（2）教育課程の在り方
③カリキュラム・マネジメントの充実に向けた取組の推進
（略）

○ **標準授業時数については，学習指導要領に示す各教科等の内容の指導の質を担保するための，いわば量的な枠組みとして，教育の機会均等や水準確保に大きな役割を果たしてきた。**特に資質・能力のうち，定量的に質を測定できるのは知識・技能等の一部にとどまることから，学習指導要領が求める教育の質を量的に支えるものとして標準授業時数は重要な意義を持っている。

○ 一方で，標準授業時数の在り方をめぐっては，**児童生徒や教師の負担について考慮**すべきとの指摘や，**学習状況に課題のある児童生徒も含めて指導すべき内容を一般的に教えることが可能なものとなっているのか，ICTを活用した学習指導を踏まえた柔軟な在り方**について検討が必要，といった指摘がある。

（略）

○ また，学習指導要領のねらいとする**資質・能力の育成と，一定の総授業時数の確保による教育の機会均等**の観点を踏まえ，**総枠としての授業時数**（学年ごとの年間の標準授業時数の総授業時数）**は引き続き確保した上で**，教科等横断的な視点に立った資質・能力の育成や探究的な学習の充実等に資するよう，**カリキュラム・マネジメントに係る学校裁量の幅の拡大**の一環として，教科等の特質を踏まえつつ，**教科等ごとの授業時数の配分について一定の弾力化が可能となる制度**を設けるべきである。その際，この制度を利用する学校は，家庭・地域に対して特別の教育課程を編成・実施していることを明確にするとともに，他の学校や地域のカリキュラム・マネジメントに関する取組の参考となるよう，教育課程を公表することとするべきである。

（参考）学校教育法施行規則に定める標準授業時数

小学校の標準授業時数

	1年	2年	3年	4年	5年	6年
国語	306	315	245	245	175	175
社会	-	-	70	90	100	105
算数	136	175	175	175	175	175
理科	-	-	90	105	105	105
生活	102	105	-	-	-	-
音楽	68	70	60	60	50	50
図画工作	68	70	60	60	50	50
家庭	-	-	-	-	60	55
体育	102	105	105	105	90	90
特別の教科 道徳	34	35	35	35	35	35
特別活動	34	35	35	35	35	35
総合的な学習の時間	-	-	70	70	70	70
外国語活動	-	-	35	35	-	-
外国語	-	-	-	-	70	70
合計	850	910	980	1015	1015	1015

備考
一　この表の授業時数の一単位時間は、四十五分とする。
二　特別活動の授業時数は、小学校学習指導要領で定める学級活動（学校給食に係るものを除く。）に充てるものとする。
三　第五十条第二項の場合において、特別の教科である道徳のほかに宗教を加えるときは、宗教の授業時数をもってこの表の特別の教科である道徳の授業時数の一部に代えることができる。（別表第二から別表第二の三まで及び別表第四の場合においても同様とする。）

中学校の標準授業時数

	1年	2年	3年
国語	140	140	105
社会	105	105	140
数学	140	105	140
理科	105	140	140
音楽	45	35	35
美術	45	35	35
保健体育	105	105	105
技術・家庭	70	70	35
外国語	140	140	140
特別の教科である道徳	35	35	35
総合的な学習の時間	50	70	70
特別活動	35	35	35
合計	1015	1015	1015

備考
一　この表の授業時数の一単位時間は、五十分とする。
二　特別活動の授業時数は、中学校学習指導要領で定める学級活動（学校給食に係るものを除く。）に充てるものとする。

授業時数特例校制度に関するQ&A
（学校・管理機関向け）

【制度の趣旨について】

Q1　授業時数特例校制度はどのような趣旨で創設されたのか。

（答）

○　「「令和の日本型学校教育」の構築を目指して～全ての子供たちの可能性を引き出す、個別最適な学びと、協働的な学びの実現～」（令和3年1月中央教育審議会答申）において、学年ごとの年間の総授業時数は確保した上で、教科等横断的な視点に立った資質・能力の育成や探究的な学習の充実に資するよう、カリキュラム・マネジメントに係る学校裁量の幅の拡大の一環として、教科等ごとの授業時数の配分について一定の弾力化が可能となる制度を創設する旨が提言されました。

○　授業時数特例校制度は、同答申での提言等を踏まえ、各学年の年間の標準授業時数の総授業時数を確保した上で、1割を上限として各教科の標準授業時数を下回って教育課程を編成し、これにより生じた授業時数を別の教科等に上乗せし、教科等横断的な視点に立った資質・能力の育成や探究的な学習の充実に資する取組の一層の推進を図る制度として新たに創設するものです。

Q2　授業時数特例校制度の活用により、具体的にはどのような学習内容を充実することを想定しているのか。

（答）

○　授業時数特例校制度の趣旨は、一部の教科等について授業時数を上乗せすることで、教科等横断的な視点に立った資質・能力の育成や探究的な学習の充実に資する教育課程編成の一層の推進を図

るというものです。具体的には、例えば、学習指導要領に記載されている学習の基盤となる資質・能力の育成や現代的な諸課題に対応して求められる資質・能力の育成等に繋げていただくことが考えられます。

○　なお、いわゆる受験対策のみを目的として、特定の教科等の授業時数を増減させることは、制度の趣旨に沿うものではありません。

（参考1）　教科等横断的な視点に立った資質・能力の育成に関する学習指導要領上の記載
小学校学習指導要領 第1章 総則 第2 教育課程の編成
2　教科等横断的な視点に立った資質・能力の育成
　⑴　各学校においては、児童の発達の段階を考慮し、言語能力、情報活用能力（情報モラルを含む。）、問題発見・解決能力等学習の基盤となる資質・能力を育成していくことができるよう、各教科等の特質を生かし、教科等横断的な視点から教育課程の編成を図るものとする。
　⑵　各学校においては、児童や学校、地域の実態及び児童の発達の段階を考慮し、豊かな人生の実現や災害等を乗り越えて次代の社会を形成することに向けた現代的な諸課題に対応して求められる資質・能力を、教科等横断的な視点で育成していくことができるよう、各学校の特色を生かした教育課程の編成を図るものとする。
　　※中学校学習指導要領においても同趣旨の記載があります。

（参考2）　小学校学習指導要領総則編解説の付録6、中学校学習指導要領総則編解説の付録6においては、以下に示す現代的な諸課題に関する教科等横断的な教育内容について、主要なものを記載しているところです。
　　伝統や文化に関する教育、主権者に関する教育、消費者に関する教育、法に関する教育、知的財産に関する教育、郷土や地域に関する教育、海洋に関する教育、環境に関する教育、放射線に関する教育、生命の尊重に関する教育、心身の健康の保持増進に関する教育、食に関する教育、防災を含む安全に関する教育

Q3　複数の教科の授業時数を削減することや、複数の教科等について標準授業時数に上乗せして授業時数を配当することは可能か。

（答）

○　複数の教科の授業時数を削減することについて

は、それぞれの教科の標準授業時数の1割を超えない範囲で可能です。その際、削減により生じた授業時数を別の教科等に上乗せし、各学年の年間の標準授業時数の総授業時数は確保する必要があります。

○　また、複数の教科等について標準授業時数に上乗せして授業時数を配当することについても可能です。

Q4　授業時数特例校の対象外となる教科等について、標準授業時数に上乗せして授業時数を配当することは可能か。

(答)

○　授業時数特例校の対象外となる教科等（※）については、標準授業時数を下回って教育課程を編成することはできませんが、標準授業時数に上乗せして授業時数を配当することは、授業時数特例校の対象外となる教科等を含め、全ての教科等において可能です。

※授業時数特例校の対象外となる教科等
- 小学校：特別の教科 道徳、外国語活動（第3、4学年）、特別活動
- 中学校：音楽（第2、3学年）、美術（第2、3学年）、技術・家庭、特別の教科 道徳、特別活動
- 義務教育学校：音楽（第7、8学年）、美術（第7、8学年）、技術・家庭、特別の教科 道徳、外国語活動（第3、4学年）、特別活動、小中一貫教科等・中等教育学校前期課程：音楽（第2、3学年）、美術（第2、3学年）、技術・家庭、特別の教科 道徳、特別活動、選択教科

Q5　下回ったことによって生じた授業時数を別の教科等の授業時数に上乗せする場合は、1割を超えてもよいのか。

(答)

○　授業時数特例校制度の活用により、下回ったことによって生じた授業時数を別の教科等の授業時

数に上乗せする場合、1割を超えて授業時数を配当することは可能です。

○　ただし、その場合においては、授業時数の上乗せにより、①本制度の趣旨である教科等横断的な視点に立った資質・能力の育成に資する学習や探究的な学習活動を充実することが必要であるとともに、②教育課程全体を見渡したバランス、③学習する児童生徒や指導にあたる教師の負担にも配慮いただくことが重要です。

Q6　授業時数特例校に申請する場合、不測の事態等に備えたいわゆる「余剰時数」を確保してはいけないのか。

(答)

○　授業時数特例校制度は、学年ごとに標準として定められた総授業時数を確保した上で、各教科の授業時数について、1割を上限として下回って教育課程を編成することを特例的に認める制度であり、いわゆる「余剰時数」の有無を問うものではありません。

○　なお、編成した教育課程に加え、不測の事態等に備え確保されているいわゆる「余剰時数」を設定するかどうかは各学校の判断によりますが、不測の事態に備えることのみを過剰に意識して標準授業時数を大幅に上回って教育課程を編成する必要はない旨、各種通知（※）において、お示ししているところです。

※「平成30年度公立小・中学校等における教育課程の編成・実施状況調査の結果及び平成31年度以降の教育課程の編成・実施について」（平成31年3月29日文部科学省初等中等教育局長通知）等

Q7 特別の教育課程において授業時数を配当するに当たり、留意する事項は何か。

（答）

○ 各教科等の学習指導要領「第3 指導計画の作成と内容の取扱い」における授業時数の配当に関わる記載に十分配慮して、授業時数の配当を行ってください。

○ 中学校社会科については、各分野に配当する授業時数は、地理的分野115単位時間、歴史的分野135単位時間、公民的分野100単位時間とされており、それを下回る場合にはそれぞれ1割を上限としてください。

○ 小学校及び中学校国語科の各学年における〔思考力、判断力、表現力等〕の「A話すこと・聞くこと」及び「B書くこと」に関する指導並びに〔知識及び技能〕の書写の指導並びに小学校体育科の内容の「G保健」に関する指導については、それぞれに配当する年間の授業時数を示しており、特別の教育課程を編成するに当たっても、年間の標準授業時数に占めるそれらの割合をおおむね維持してください。

○ 中学校保健体育科の保健分野の指導については、3学年間に配当する授業時数を示しており、特別の教育課程を編成するに当たっても、3学年間の標準授業時数に占める割合をおおむね維持してください。また、中学校保健体育科の体育分野の内容の「A体つくり運動」に関する指導については、各学年で7単位時間以上を、「H体育理論」については、各学年で3単位時間以上を配当してください。

（参考）⇒ 略

Q8 授業時数特例校において、例えば40分授業（小学校）や45分授業（中学校）のような取組を行っても構わないのか。

（答）

○ 各学校における教育課程の編成に当たっては、小学校で45分、中学校で50分を1単位時間とした上で、その1単位時間に年間の総授業時数を掛け合わせた分数を確保することが必要であり、この点は授業時数特例校においても同様です。

○ その際、実際の授業の1コマの時間をどのように設定するかは、児童生徒や各学校の実態に応じて御判断いただくものであり、40分授業（小学校）や45分授業（中学校）を行うことは差し支えありません。

Q9 授業時数特例校を活用し、新教科等を創設することはできるのか。

（答）

○ 授業時数特例校は、学習指導要領に定められた教科等の間で授業時数の変更を認める制度であり、新教科等を創設することはできません。

○ 特定の教科の授業時数を削減し、その授業時数を新教科等の授業時数に充て特別の教育課程を編成したい場合は、教育課程特例校への申請が必要です。

Q10 教育課程特例校と授業時数特例校との違いは何か。両方に申請することは可能か。

（答）

○ 教育課程特例校制度及び授業時数特例校制度は、いずれも学校や地域の実態に照らし、より効果的な教育を実施するために特別の教育課程を編成することを認める制度です。

○ 授業時数特例校制度は、学年ごとに定められた各教科の標準授業時数について、1割を上限として下回って教育課程を編成する特例を認め、下回ったことによって生じた授業時数を別の教科等の授業時数に上乗せする制度であり、申請時期を通年とし、学校評価や学校関係者評価、管理機関による報告を不要とするなど、手続の効率化・簡素化を図っています。

○ 一方、授業時数特例校で認められる特例以外の特例（※）による特別の教育課程を編成・実施したい場合には、教育課程特例校に申請し、指定を受けることが必要であり、授業時数特例校と教育課程特例校の両方に申請することはできません。

（※）例えば、既存教科等の組み換えによる独自の教科等の新設、英語による教育（いわゆるイマージョン教育）など

| Q11 | 既に教育課程特例校の指定を受けているが、授業時数特例校に切り替えたい場合、どのような手続きを行えば良いか。 |

（答）
○ 教育課程特例校の指定を受けている学校が、授業時数特例校に切り替える場合、教育課程特例校の廃止申請及び授業時数特例校の指定申請を行ってください。

| Q12 | 小中一貫教育・中高一貫教育を実施する学校が教育課程の特例を活用する場合、授業時数特例校に申請する必要があるのか。 |

（答）
○ 義務教育学校、中学校併設型小学校、小学校併設型中学校、中学校連携型小学校、小学校連携型中学校、中等教育学校、併設型中学校又は連携型中学校においては、文部科学省告示（※）に基づき、各教科等（中等教育学校、併設型中学校及び

連携型中学校においては各教科。以下同じ。）の授業時数を減じ、その減ずる時数を当該各教科等の内容を代替することのできる内容の小中一貫教科等（中等教育学校、併設型中学校及び連携型中学校においては選択教科）に充てることが可能です。この教育課程の特例を使用する場合、授業時数特例校への申請は不要です。（次ページイメージ図の①）

（※）・中学校連携型小学校及び小学校連携型中学校の教育課程の基準の特例を定める件（平成28年文部科学省告示第54号）
・義務教育学校並びに中学校併設型小学校及び小学校併設型中学校の教育課程の基準の特例を定める件（平成28年文部科学省告示第55号）
・中等教育学校並びに併設型中学校及び併設型高等学校の教育課程の基準の特例を定める件（平成10年文部科学省告示第154号）
・連携型中学校及び連携型高等学校の教育課程の基準の特例を定める件（平成16年文部科学省告示第61号）

○ ただし、各教科の内容事項はそのままその教科で取り扱いつつ、各教科の授業時数を減じ、その減ずる授業時数を小中一貫教科等に上乗せし、小中一貫教科等の内容の充実を図る（授業時数を減じた教科の内容の代替は行わない）場合には、授業時数特例校への申請が必要です。（次ページイメージ図の②）

○ また、小中一貫教科等以外の教科間で、1割を上限として各教科の授業時数を下回って教育課程を編成し、下回ったことによって生じた時数を別の教科等の授業時数に上乗せする場合も、授業時数特例校の申請が必要です。（次ページイメージ図の③）

【申請・実施に当たって】

| Q13 | 授業時数特例校への申請に先立つ保護者や地域への説明はどのように行うべきか。 |

（答）
○ 申請に当たっては、申請を予定している特別の

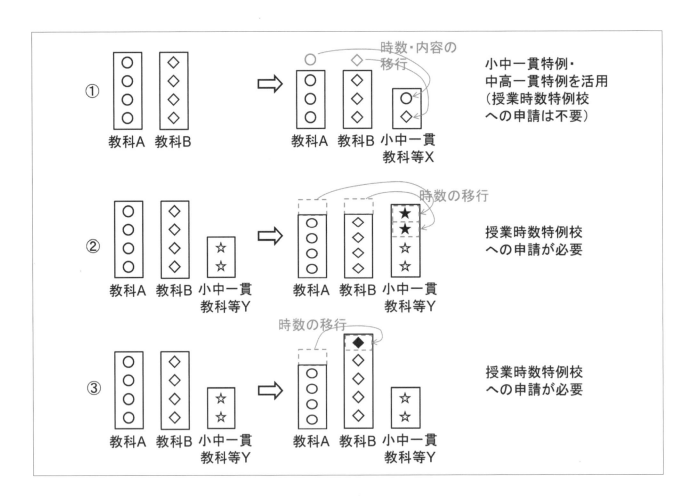

		小中一貫特例・中高一貫特例を活用（授業時数特例校への申請は不要）
②		授業時数特例校への申請が必要
③		授業時数特例校への申請が必要

教育課程の内容（特別の教育課程の編成の方針及び文部科学省の定める様式に沿った教育課程表）を事前に保護者及び地域住民その他の関係者に説明するものとしています。

○　その際、保護者への説明については、例えば保護者会やPTAの会合での説明、学校だよりの配布などにより、当該学校に通学する児童生徒の保護者に説明することが考えられます。また、地域住民等への説明については、例えば学校評議員への説明、学校運営協議会における協議、地域向け情報誌への掲載などにより、当該学校の通学区域に在住する住民等に説明することが考えられます。

○　もしくは、学校のウェブサイトに掲載することで、広く保護者及び地域住民等に対して情報提供し、説明責任を果たすことも可能です。

Q14　翌々年度以降からの特別の教育課程の実施・変更・廃止を希望する場合にも申請することは可能か。

（答）

○　可能です。様式の該当箇所において、特別の教育課程の開始（変更・廃止）年度を入力してください。

Q15　取組の終期を設定することは可能か。

（答）

○　授業時数特例校制度において、取組の終期は設けておりません。したがって、取組を終了する際は、終了する前年度の12月31日までに変更又は廃止申請を行ってください。

Q16　一つの管理機関が設置する複数の学校で、異なる／同一の特別の教育課程を編成・実施することを希望する場合、どのように申請すれば良いのか。

（答）

○　申請書は、学校ごとに作成することが原則であり、学校によって異なる特別の教育課程を編成・実施する場合は、それぞれ別の申請書に記載してください。

○　ただし、複数の学校において、同一の特別の教育課程を編成して実施することを希望する場合（例えば、市内全ての小学校で同じ取組を実施する場合など）、特別の教育課程について同一の内容変更を希望する場合、一度に複数の授業時数特例校の廃止を希望する場合には、実際の手続上の便宜を考慮し、複数の学校分をまとめて申請を行うことが可能です。その場合、様式の別紙において、学校名の一覧を記載してください。

Q17　一つの管理機関が設置する複数の学校のうち、一部の学校のみが授業時数特例校に申請することは可能か。

（答）

○　可能です。

Q18　一つの管理機関が、同一年度に複数回申請をしても良いのか。

（答）

○　域内の一部の学校について申請を行った後、追加で域内の他の学校についても申請を行う場合、同一年度に複数回の申請を行うことも考えられます。ただし、一つの管理機関が行う申請は、可能な限りまとめて申請を行うよう努めてください（都道府県教育委員会又は知事部局において、申請期限を独自に設定することも考えられます。）。

○　なお、既に指定を受けている学校における特別の教育課程について、年度の途中に変更もしくは廃止を行うことについては、Q20を参照ください。

Q19　特別の教育課程を編成する学校数が変更になる（増える、減る）場合、どのように対応すれば良いのか。

（答）

○　域内において既に授業時数特例校の指定校があり、同内容の取組を他の学校でも始める場合、変更の申請ではなく、新たに取組を始める学校についての新規指定の申請を行ってください。また、複数の学校が同一の特別の教育課程を編成・実施している場合に、一部の学校のみで授業時数特例校を廃止する場合、変更の申請ではなく、廃止する学校についての廃止の申請を行ってください。

○　学校の新設や統廃合が行われる場合も同様です。新設や統廃合が行われる前年度の12月31日までに、新規申請及び廃止申請を行ってください。

Q20　年度の途中で特別の教育課程の内容を変更・廃止することは可能か。

（答）

○　授業時数特例校においては、年度当初に編成した特別の教育課程を着実に実施いただくことが求められており、年度の途中での特別の教育課程の変更・廃止はできません。

※なお、不測の事態により年度当初に編成した特別の教育課程に定める授業時数を下回った場合の取扱いは通常の学校と同様となります。

○　特別の教育課程を変更・廃止することを希望する場合は、変更・廃止を希望する年度の前年度の12月31日までに申請を行ってください。

授業時数特例校一覧（令和4年5月時点）

指定管理機関数：18
授業時数特例校数：28

令和4年4月指定

都道府県	管理機関	設置	学校	校種	育成する教科等横断的な資質・能力 充実する探究的な学習活動	時数を削減する教科	時数を増加する教科等
北海道	小樽市教育委員会	公立	小樽市立忍路中央小学校	小	郷土・地域教育	社［3（3-6年）］理［2（3-6年）］	総［5（3-6年）］
福島県	喜多方市教育委員会	公立	喜多方市立上三宮小学校	小	情報活用能力、コミュニケーション能力、外国語教育	国［1-8（1-3年）］社［5-7（3-5年）］算［5（6年）］理［8-10（3-6年）］音［4-5（1-6年）］図［4-5（1-6年）］家［5（5、6年）］体［4-5（1-4年）］	生［20（1、2年）］外［30（5、6年）］外活［30（3、4年）］
福島県	国立大学法人福島大学	国立	福島大学附属中学校	中	地震・運動エネルギー等の事象に関する教科横断的・探究的な学習活動	数［14（1年）］理［14（2年）］	数［14（2年）］理［14（1年）］
茨城県	東海村教育委員会	公立	東海村立照沼小学校	小	情報活用能力、問題発見・解決能力	国［15-30（1-6年）］	算［15-30（1-6年）］
栃木県	さくら市教育委員会	公立	さくら市立氏家小学校	小	言語能力	生［10（1、2年）］	国［10（1、2年）］
			さくら市立押上小学校	小	言語能力	生［10（1、2年）］	国［10（1、2年）］
			さくら市立熟田小学校	小	言語能力	生［10（1、2年）］	国［10（1、2年）］
			さくら市立上松山小学校	小	言語能力	生［10（1、2年）］	国［10（1、2年）］
			さくら市立南小学校	小	言語能力	生［10（1、2年）］	国［10（1、2年）］
			さくら市立喜連川小学校	小	言語能力	生［10（1、2年）］	国［10（1、2年）］
栃木県	那須烏山市教育委員会	公立	那須烏山市立境小学校	小	言語能力、情報活用能力、伝統文化教育、郷土・地域教育	国［4（3-6年）］音［1（3-6年）］図［1（3-6年）］家［1（5-6年）］体［1、2（3-6年）］	外［8（5、6年）］外活［8（3、4年）］
埼玉県	戸田市教育委員会	公立	戸田市立戸田東中学校	中	言語能力、情報活用能力、問題発見・解決能力、論理的思考力、コミュニケーション能力、PBL	国［3（1-3年）］社［3（1-3年）］数［3（1-3年）］理［3（1-3年）］保体［3（1-3年）］外［3（1-3年）］	総［18（1-3年）］
埼玉県	久喜市教育委員会	公立	久喜市立小林小学校	小	言語能力、情報活用能力、問題発見・解決能力、伝統文化教育、郷土・地域教育、食育、教科横断的な問題解決型学習	国［5（5、6年）］理［5（5、6年）］社［10（5、6年）］	総［20（5、6年）］
			久喜市立久喜小学校	小	情報活用能力、問題発見・解決能力、価値を創造する思考力、より良いものを目指そうとする態度、自信につながる経験	国［5-15（1-6年）］算［5、6（1-6年）］理［5（3-6年）］音［4（1、2年）］図［5、6（1-6年）］家［5（5、6年）］	生［20（1-2年）］総［30（4-6年）］
埼玉県	小川町教育委員会	公立	小川町立小川小学校	小	問題発見・解決能力、郷土・地域教育	国［1（3、4年）］社［2-7（5、6年）］理［1、2（3-6年）］図［1（4年）］家［2（5、6年）］外［1（5年）］	総［3-10（3-6年）］
東京都	東大和市教育委員会	公立	東大和市立第八小学校	小	情報活用能力	国［15（1-6年）］	社［10（3-6年）］生［15（1-2年）］総［5（3-6年）］
東京都	学校法人星美学園	私立	目黒星美学園小学校	小	言語能力、海洋教育、環境教育、生命の尊重教育、健康教育、安全教育、国際的・平和的な世界の担い手教育	国［17-24（3-6年）］社［7-10（3-6年）］算［13-17（1-6年）］理［9-10（3-6年）］生［10（1年）］音［5-7（1-6年）］図［5-7（1-6年）］家［5-6（5、6年）］体［9-10（1-6年）］外［7（5、6年）］	国［26、27（1、2年）］生［10（2年）］道［26-27（1-6年）］外活［28（3、4年）］総［19-73（3-6年）］特［10-27（1-6年）］
新潟県	妙高市教育委員会	公立	妙高市立新井南小学校	小	情報活用能力、問題発見・解決能力	国［10（3-6年）］	総［10（3-6年）］
広島県	福山市教育委員会	公立	福山市立坪生小学校	小	言語能力、情報活用能力、問題発見・解決能力、異学年との探究的な学習活動	国［7-17（1-6年）］社［5-7（3-6年）］算［5（3-6年）］音［2-5（1-6年）］図［4-6（1-6年）］家［5（5、6年）］体［4-7（1-6年）］外［3（5、6年）］	生［35（1、2年）］総［35（3-6年）］
熊本県	学校法人尚絅学園	私立	尚絅中学校	中	言語能力、問題発見・解決能力	社［10-14（1-3年）］理［10-14（1-3年）］保［10（1-3年）］	国［6-46（1-3年）］数［10-41（1-3年）］音［2（1年）］美［2（1年）］外［40-75（1-3年）］
宮崎県	宮崎市教育委員会	公立	宮崎市立住吉南小学校	小	食育	算［16（5年）］	総［16（5年）］
			宮崎市立青島小学校	小	情報活用能力、郷土・地域教育	国［5（1-6年）］算［3（5、6年）］理［2（5、6年）］	生［5（1、2年）］総［5、10（3-6年）］
			宮崎市立大宮中学校	中	情報活用能力、伝統文化教育、郷土・地域教育、環境教育、食育、STEAM教育	国［2（1-3年）］社［2（1-3年）］数［2（1-3年）］理［2（1-3年）］外［2（1-3年）］	総［10（1-3年）］
			宮崎市立生目台中学校	中	言語能力、情報活用能力、郷土・地域教育、生命の尊重教育、安全教育	国［5（1-3年）］数［5（1-3年）］保［10（1-3年）］	総［20（1-3年）］
横浜市	横浜市教育委員会	公立	横浜市立大岡小学校	小	言語能力、情報活用能力、問題発見・解決能力、伝統文化教育、郷土・地域教育、環境教育、生命の尊重教育、健康教育、食育、安全教育	国［15-20（1-6年）］	生［20（1、2年）］総［15-20（3-6年）］
京都市	京都市教育委員会	公立	京都市立上京中学校	中	言語能力、情報活用能力、問題発見・解決能力、郷土・地域教育	国［14（2年）］	美［14（2年）］
			京都市立東山泉小中学校	義務	言語能力、情報活用能力、問題発見・解決能力、伝統文化教育	国［9（8年）］社［6（8年）］	音［15（8年）］
北九州市	北九州市教育委員会	公立	北九州市立篠崎中学校	中	情報活用能力、問題発見・解決能力、健康教育、安全教育、SDGs教育、英語教育、平和教育、規範教育、特設授業	国［10-14（1-3年）］社［10-14（1-3年）］数［10-14（1-3年）］理［10-14（1-3年）］保［10（1-3年）］外［14（1-3年）］	総［50（1-3年）］特［24（1-3年）］

［出典］文部科学省　https://www.mext.go.jp/a_menu/shotou/tokureikou/index.htm

●Society 5.0の実現に向けた教育・人材育成に関する政策パッケージ

▶ 内閣府総合科学技術・イノベーション会議は、令和4年6月、「Society 5.0の実現に向けた教育・人材育成に関する政策パッケージ」を公表しました。これは、「一人ひとりの多様な幸せ（well-being）」を実現するという共通項を土台に、中央教育審議会（文部科学省）や産業構造審議会（経済産業省）委員も加わった府省横断のワーキンググループで議論を進め、今後5年程度という時間軸の中で子どもたちの学習環境をどう整えていくか、政策のロードマップをまとめたものです。

政策は次の3本柱で構成されています。

【政策1】 子供の特性を重視した学びの「時間」と「空間」の多様化
【政策2】 探究・STEAM教育を社会全体で支えるエコシステムの確立
【政策3】 文理分断からの脱却・理数系の学びに関するジェンダーギャップの解消

ここでは、本パッケージのうち【政策1】に関わる資料を紹介します。Society 5.0の実現に向けた教育の潮流、そして次期学習指導要領改訂への動きが概観できる資料です。

Society 5.0の実現に向けた教育・人材育成に関する政策パッケージ (抜粋)

2022年6月2日
内閣府総合科学技術・イノベーション会議

０．政策パッケージの位置付け ●　●　●　4

- 科学技術・イノベーション基本計画においては、「一人ひとりが多様な幸せ(well-being)を実現できる社会」としてのSociety5.0の実現を目指している。そして、教育現場では、新学習指導要領が2020年度より小学校から段階的に実施され、「主体的・対話的で深い学び」による資質・能力の育成を図り、「持続可能な社会の創り手」の育成を目指して、全国約100万人の教師が、今必死に取組んでいる状況にある。

- 本WGにおける議論は、全く異なる文脈で新しい改革が議論され、進行しているのではなく、「一人ひとりの多様な幸せ(well-being)」を実現するという共通項を土台に、双方の目指すべきところを実現するために、次期学習指導要領改訂や来年度実施予定の教員勤務実態調査、「こども目線での行政の在り方の検討・実現」などの今後の動きも見据え、<u>今後5年程度という時間軸のなかで子供たちの学習環境をどのように整えていくのか、各府省を超えて政府全体としてどのように政策を展開していくのか、そのロードマップの作成を目指すことが、本政策パッケージ策定の目的である。</u>

- 子供の学ぶワクワク感、教科の学びが自分の設定した課題の解決に活きているという実感、自分の学びを自分で調整する力をどう育むのか、「好き」や「夢中」を手放さない学びをどう実現していくのかなど、子供たちからこれらの力を引き出すべく取り組む教師や学校現場を支えるための具体的なロードマップを引き、さらには、現在の新学習指導要領に対応するための教師の今の取組を、次の学習指導要領改訂や今後の学習環境の整備に確実につなげていくことが重要である。

- そして、子供たちが自由に発想し、子供たちによる主体的な学びを支える主体を多様化し、学校だけでなく地域や保護者、企業、行政など社会全体の理解と連携のもとに、社会全体で教育・人材育成政策を推進する見取り図を示していく。

（本パッケージの作成方針）

デマンドサイド 子供目線で

これまでのサプライサイド行政から脱却し、デマンドサイド行政（子供目線）への転換を

既存スキームに 囚われない

これまでの部分最適になりがちな対応策の積み重ねの発想から脱却し、府省庁横断的・オールジャパンな視点で

社会構造全体を 俯瞰して

初等中等教育～高等教育への縦のつながり、その後の社会、子供をとりまく社会構造全体を俯瞰した視点で

時にアジャイル※に

トライアル＆エラーも前提に、完全性を求めることなく、アジャイルに軌道修正、進化・発展していく視点も
※小さい単位で開発を進め改善を繰り返す手法。

わかりやすく

教育・人材育成政策は、教育界だけでなく、社会全体の理解が不可欠であるため、わかりやすく、読みやすい構成で

0．政策パッケージの位置付け
Society 5.0の実現に向けた教育・人材育成　● ● ● ●　5

- 2016年に「第5期科学技術基本計画」において、経済発展と社会的課題の解決を両立する人間中心の社会として「Society 5.0」を提示。さらに2021年の「第6期科学技術・イノベーション基本計画（以下「6期計画」）」において、「持続可能性と強靭性を備え、国民の安全と安心を確保するとともに、一人ひとりが多様な幸せ（well-being）を実現できる社会」としてSociety 5.0を再定義。

- 6期計画においては、このSociety 5.0の実現に向けた3本の政策の柱の一つに「一人ひとりの多様な幸せと課題への挑戦を実現する教育・人材育成」を新たに掲げ、探究力と学び続ける姿勢を強化する教育・人材育成システムへの転換を目指し、総合科学技術・イノベーション会議に中央教育審議会、産業構造審議会の委員の参画を得た本WGが設置された。

目指す未来社会像　Society 5.0
持続可能性と強靭性を備え、国民の安全と安心を確保するとともに、
一人ひとりが多様な幸せ（well-being）を実現できる社会

第6期科学技術・イノベーション基本計画

国民の安全と安心を確保する持続可能で強靭な社会	一人ひとりの多様な幸せ（well-being）が実現できる社会
【持続可能性の確保】 ・SDGsの達成を見据えた持続可能な地球環境の実現 ・現世代のニーズを満たし、将来の世代が豊かに生きていける社会の実現　【強靭性の確保】 災害や感染症、サイバーテロ、サプライチェーン寸断等の脅威に対する持続可能で強靭な社会の構築及び総合的な安全保障の実現	【経済的な豊かさと質的な豊かさの実現】 ・誰もが能力を伸ばせる教育と、それを活かした多様な働き方を可能とする労働・雇用環境の実現 ・人生100年時代に生涯にわたり生き生きと社会参加し続けられる環境の実現 ・人々が夢を持ち続け、コミュニティにおける自らの存在を常に肯定し活躍できる社会の実現

実現に向けた3本の柱

国民の安全と安心を確保する
持続可能で強靭な社会への変革 × 知のフロンティアを開拓し
価値創造の源泉となる研究力の強化 × **一人ひとりの多様な幸せと
課題への挑戦を実現する教育・人材育成**

優れた能力がある者を伸ばせば、どんな個人間・地域間格差を広げてもいいということでは決してなく、
「多様性」「公正や個人の尊厳」「多様な幸せ（well-being）」の価値が
Society 5.0の中核であることを踏まえた教育・人材育成政策を示していく

0．政策パッケージの位置付け
ここ最近の教育政策と本政策パッケージの関係性　● ● ●　6

2017　2018　2019　2020　2021　2022　2023　2024　2025　2026　2027

第3期教育振興基本計画策定　　　　　　　第4期教育振興基本計画策定

学習指導要領改訂　　幼稚園　小学校　中学校　高等学校　　次期学習指導要領改訂（見込み）

・児童生徒の資質・能力の育成
・「主体的・対話的で深い学び」の実現に向けた授業改善
・AIの飛躍的進化
　→当事者として思考し、対話し、「納得解」を形成する力

全ての子供たちの可能性を引き出す
個別最適な学びと協働的な学びの実現
「正解主義」と「同調圧力」からの脱却

GIGAスクール構想　1人1台端末整備　　「GIGA端末更新期」　GIGA端末更新期

「令和の日本型学校教育」中教審答申 ※2　学校教育の在り方特別部会 ※3スタート　教師の在り方特別部会 ※4 一定の結論

PISA2018実施　結果公表　　PISA2022実施　結果公表　　2025実施　結果公表

教員の勤務実態調査　結果公表

探究力と学び続ける姿勢を強化する教育・人材育成システムへの転換
STEAM教育の推進・探究力の育成強化
教育DXの推進、中教審と検討を

第6期科学技術・イノベーション基本計画

総合科学技術・イノベーション会議
教育・人材育成WG設置　　教育・人材育成に関する政策パッケージ策定・実施

教育未来創造会議

デジタルの活用により、一人一人のニーズに合ったサービスを選ぶことができ、多様な幸せが実現できる社会
～誰一人取り残さない、人に優しいデジタル化～

こども家庭庁創設（見込み）

デジタル庁創設

＜総合科学技術・イノベーション会議　教育・人材育成WGにおける議論＞
【2017改訂学習指導要領】【2021令和の日本型学校教育の答申】を実現するための環境整備に向けた省庁横断的な具体的方策を検討
次期学習指導要領改訂を見据え、デジタルを駆使した教育DX等の実現に向けた省庁横断的な具体的方策を検討

（出典）※1　新しい時代の教育に向けた持続可能な学校指導・運営体制の構築のための学校における働き方改革に関する総合的な方策について（答申）（第213号）平成31年1月25日）
　　　　※2　「令和の日本型学校教育」の構築を目指して～全ての子供たちの可能性を引き出す、個別最適な学びと、協働的な学びの実現～（答申）（中教審第228号）（令和3年1月26日）
　　　　※3　中央教育審議会　個別最適な学びと協働的な学びの一体的な充実に向けた学校の在り方に関する特別部会
　　　　※4　中央教育審議会「令和の日本型学校教育」を担う教師の在り方特別部会基本問題小委員会

22

3．3本の政策と実現に向けたロードマップ
＜政策1＞
子供の特性を重視した学びの「時間」と「空間」の多様化

3．3本の政策と実現に向けたロードマップ
【政策1】子供の特性を重視した学びの「時間」と「空間」の多様化＜目指すイメージ①＞ ● ● ● ● 23

すべての子供たちの可能性を最大限引き出すことを目指し、子供の認知の特性を踏まえ、「個別最適な学び」と「協働的な学び」の一体的な充実を図り、「そろえる」教育から「伸ばす」教育へ転換し、子供一人ひとりの多様な幸せ（well-being）を実現するとともに、一つの学校がすべての分野・機能を担う構造から、協働する体制を構築し、デジタル技術も最大限活用しながら、社会や民間の専門性やリソースを活用する組織（教育DX）への転換を目指す。これを実現するためには、皆同じことを一斉にやり、皆と同じことができることを評価してきたこれまでの教育に対する社会全体の価値観を変えていくことも必要となる。

子供たちが多様化する中で紙ベースの一斉授業は限界

発達障害の可能性のある子供

特異な才能のある子供

中学校40人学級の場合

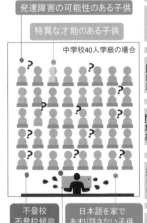

不登校
不登校傾向

日本語を家で
あまり話さない子供

家にある本の冊数が少なく
学力の低い傾向が見られる子供
※語彙や読解力の低下は重要な教育課題

※子供の数の考え方・定義等については、スライド10の出典と同様。

※限られたリソースの中、個別最適な学び・協働的な学びを追求している学校や教師も沢山あるが、現リソースでは一般的に限界があることを想定して図式化

2017年改訂により資質・能力重視の教育課程へと転換

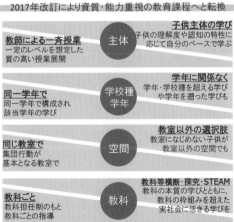

教師による一斉授業 一定のレベルを想定した質の高い授業展開	**主体**	**子供主体の学び** 子供の理解度や認知の特性に応じて自分のペースで学ぶ
同一学年で 同一学年で構成され該当学年の学び	**学校種 学年**	**学年に関係なく** 学年・学校種を超える学びや学年を遡った学びも
同じ教室で 集団行動が基本となる教室で	**空間**	**教室以外の選択肢** 教室になじめない子供が教室以外の空間でも
教科ごと 教科担任制のもと教科ごとの指導	**教科**	**教科等横断・探究・STEAM** 教科の本質の学びとともに、教科の枠組みを超えた実社会に活きる学びを
Teaching 指導書のとおり計画を立て教える授業	**教師**	**Coaching** 子供の主体的な学びの伴走者へ
同質・均質な集団 教員養成学部等を卒業し、定年まで勤めることが基本 万能を求められる教師	**教職員 組織**	**多様な人材・協働体制** 多様な教職員集団 理数、発達障害、ICT、キャリアなど専門性を活かした協働体制

多様な子供たちに対してICTも活用し個別最適な学びと協働的な学びを一体的に充実

発達障害等	特異な才能のある子供
自分の特性を理解し、ICTを活用しながら、自分に合った学び方で進めることができる	特異な才能のある分野を伸ばすため、大学や研究機関で学ぶことができる

協働的な学び

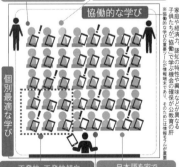

個別最適な学び

不登校・不登校傾向	日本語を家であまり話さない子供
学校の中に通常の学級から離れて学習ができる学びの場、教育支援センター、不登校特例校、夜間中学、フリースクールをはじめ、NPOや民間等の力も活かしつつ、従来の学び方とは別の形で学ぶことができる	特別なカリキュラム組み、ICTも活用しながら、日本語習得と同時に学びを進めることができる

家にある本の冊数が少なく
学力の低い傾向が見られる子供
タブレット等の活用により自分のペースで着実に自分の理解に応じて学びを進めることができる

【政策1】子供の特性を重視した学びの「時間」と「空間」の多様化＜目指すイメージ②＞　●　●　●　24

一つの学校がすべての分野・機能を担う状態

分野や機能ごとの多層構造・協働体制、様々なリソースを活用

社会・民間の力
大学、高専、企業、NPO、研究機関、福祉機関、行政、発達支援の専門家 等

学校・教師が担う業務の明確化・適正化が必要

子供の状況に応じてウェイト付けは様々

学習（個別最適な学び）
学習（協働的な学び）
活動（学校行事・生徒会等）
福祉的・メンタル面のケア
部活動

学級・学年の縦割り　教科割り

社会の理解も不可欠

○ 学級という集団の中で質の高い一斉授業を行うことにより、**体系的なカリキュラムの実施**や対話や協働を重視した学びが可能。

○ 学校の責任のもと、教科指導、特別活動、部活動などを通して**全人的教育**を行い、福祉的な機能も担う

△ 手続き的・形式的な公正やルールが重視され、過度の**同調性**や**画一性**をもたらすこと

△ 子供たちの認知の特性や関心に応じた個別性の高い教育を実現するためには、時間や人材などのリソースが不十分

△ 学び方が時間的・空間的にも多様化すると、学びの体系性や集団としての教育の機能が弱くなる可能性
　→ 様々なリソースを活用するための学校の機能を強化した上、スタディログ等により子供の学びを教師が把握し伴走するとともに、**協働的な学びの場を確保する必要**

△ 学びや活動などの実施主体や責任の所在が**不明確**になる可能性
　→ 学び全体はスタディログ等で学校が把握・支援するとともに、活動ごとの**責任の所在や情報の管理主体の明確化**が必要

○ ICTも活用し、自分のペースで学びを調整したり、学校外のリソースを活かした**学びを進めたりすることが可能**

○ 多様な教職員集団や様々な学校外のアクターが関わることにより、子供の**認知の特性・関心に応じた教育の展開**が可能

通信キャリア

アプリ	
OS	
ハードウェア	
課金認証	
通信回線	

△サービスの硬直化
△ユーザーの選択肢の少なさ
○責任の所在の明確さによる
　安定・安全性供給

アプリ開発者	アプリ
メーカー	OS
メーカー	ハードウェア
サービス会社	課金認証
通信キャリア	通信回線

○ユーザーによる最適化
○専門化で質の向上
△責任の所在の不明確さ

（出典）総務省 情報通信白書（平成24年度版）を参考に内閣府で作成

【政策1】子供の特性を重視した学びの「時間」と「空間」の多様化＜目指すイメージ③＞　●　●　●　25

これまでの「皆と同じことができることのみを評価」することや「大人が測りやすい力を評価」をする構造やそれらを重視する価値観を変えずに、デジタル技術を最大限活用した「個別最適な学び」を進めた場合、子供はアルゴリズムやAIが指示する学びを他律的に行うこととなり、次代において、最も重要な「自ら学びを調整する力」の育成につながらない。「個別最適な学び」の本質は、自分で自分の学びを調整しながら、試行錯誤を繰り返すことであり、さらに、多様な子供たちが「協働」で学ぶ機会が確保されることが学校教育の役割。そして平均点主義を脱し、「評価軸」を変えていくことは、学校だけでは困難であり、企業・大学・保護者など社会全体の理解とともに変えていくことが必要。子供が多様な人に触れ、学校にとどまらない学びの場所を提供することで、子供の持っている良さや可能性を多様な第三者から引き出すことにより、子供に対する「評価」を多様化していくことも重要。

主体的　　　　深い学び　　　　対話的

「個別最適な学び」の前提にあるもの

評価軸を変えずにデジタルによる個別最適化を進めると、アルゴリズムやAIが指示する学びを他律的に行うこととなり、「自ら学びを調整する力」の育成につながらない

× 皆と同じことができることのみを評価　×○×で大人が測りやすい力を評価
"偏差値○○"
× 評定平均のように個人の興味関心に関わりなく教科を通じて平均値で評価
"評定平均""オール5"

「評価軸」を変えていくことは、
学校だけでなく社会全体の理解が必要

「個別最適な学び」で重要なことは、自分で自分の学びを調整し、
自分の学びの目的やペースを自分で試行錯誤しながら見定めること

それは、人格の完成を目指す教育にある上位目的が前提
【社会的な自立】【国家・社会の形成者（持続可能な社会の創り手）の育成】

教育の根幹となる「協働的な学び」

家庭環境や認知の特性、興味・関心などが異なる
多様な子供たちが「対話」「協働」をしながら
深く学ぶ機会の確保は、学校教育の大きな役割

循環

学びあい・教えあい

PBL（Project Based Learning）

課題発見・課題解決型の学び

「デジタル・シティズンシップ」
が子供たちに備わっている
ことが大前提

循環

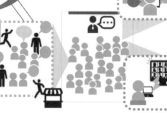

**子供たちの特性を踏まえた「個別最適な学び」は、
多様な他者との「協働的な学び」の循環などを通して
一体的に充実することが必要**

3．実現に向けたロードマップ　【政策1】子供の特性を重視した学びの「時間」と「空間」の多様化＜施策・方向性＞　● ● ● 26
課題、必要な施策・方向性、実施体制①

課題・ボトルネック	必要な施策・方向性	具体の検討・実施体制	担当省庁
政策1 ① 中央教育審議会答申※が指摘するように、多様な子供たちに応じた個別最適な学びと協働的な学びを一体的に充実することが求められているが、「学校で」「教師が」「同時に」「同一学年の児童生徒に」「同じ速度で」「同じ内容を」教える、という現行の基本的な枠組みでは十分に対応できない。 ※「令和の日本型学校教育」の構築を目指して～全ての子供たちの可能性を引き出す，個別最適な学びと，協働的な学びの実現～（答申）（中教審第228号）（令和3年1月26日）	**教育課程の在り方の見直し** 個別最適な学びと協働的な学びを一体的に充実し、教師の指導と支援のもとに、一人ひとりの子供の特性や関心に応じた学びを一層進められるよう、教科等の本質を踏まえた教育内容の重点化や教育課程編成の弾力化を進め、発達の段階に応じ、子供が自らの学びを調整し、それを学校が支える仕組みへ転換する。	中央教育審議会「個別最適な学びと協働的な学びの一体的な充実に向けた学校教育の在り方に関する特別部会」等において、学習指導要領の次期改訂の基本的な方向性を左記の内容も踏まえて明確にし、その方向性に基づき、具体的な改訂作業を行う。	文科省
政策1 ② 現在の教員免許制度や教員養成は、①で示す一斉授業を担うための同じ資質・能力を持つ教員や流動性が必ずしも高くない教員組織が前提となっているが、多様な子供たちが個別最適な学びと協働的な学びを一体的に充実する上では、多様な専門性や経験が求められており限界。	**教員免許制度・教員養成改革** 教員免許制度の改革や教職課程の見直しを実施し、特定分野に強みのある教員の養成や、理数やICT・プログラミングなどの専門家など、多様な人材・社会人が学校教育に参画し協働できる流動性の高い教員組織へ転換する。また、特別支援教育に関する専門性など教師の基礎的資質の更なる向上を図る。	中央教育審議会「令和の日本型学校教育」を担う教師の在り方特別部会基本問題小委員会等において専門的な議論を深め、令和4年夏頃までを目途に得られた一定の結論を踏まえながら制度改正に取り組む。	文科省
政策1 ③ 同質性が高く、流動性が低い教員集団で構成される自前主義の学校が、子供に関することはすべて責任を持つべきとの社会の期待に基づく役割を果たしている状況は、多様な子供たちが個別最適な学びと協働的な学びを一体的に充実する上で限界。	**学校の役割、教職員配置や勤務の在り方の見直し** 個別最適な学びと協働的な学びを一体的に充実するに当たっては、教師の経験に裏付けられた暗黙知や教師の多様な専門性を活かしつつ、学校外の専門家やリソースとも連携することができる学校の在り方、教職員の配置や勤務体系へと転換する。	令和4（2022）年度に実施する「教員勤務実態調査」を踏まえつつ、中央教育審議会「個別最適な学びと協働的な学びの一体的な充実に向けた学校教育の在り方に関する特別部会」において、具体的な見直しについて検討し、次期学習指導要領改訂にも反映。	文科省

3．実現に向けたロードマップ　【政策1】子供の特性を重視した学びの「時間」と「空間」の多様化＜施策・方向性＞　● ● ● 27
課題、必要な施策・方向性、実施体制②

課題・ボトルネック	必要な施策・方向性	具体の検討・実施体制	担当省庁
政策1 ④ 不登校の児童生徒数はここ8年連続で増加の一途をたどっている。①～③の通り、学びの転換が必要であり、教室以外の学びの場も不十分。	**子供の状況に応じた多様な学びの場の確保** 様々な困難に直面し、学校や教室に行きづらい子供たちが相当数いることを受け止め、校内フリースクール（例：広島県のスペシャルサポートルーム）、教育支援センター、不登校特例校、夜間中学、フリースクールなどがNPOなどと連携しながら、一人ひとりの子供たちが直面する困難に寄り添い合い、デジタルを活用しながら、子供たちの学びを継続し、伴走する仕組みを確立。	福祉的な支援等の充実を図りながら、中央教育審議会「個別最適な学びと協働的な学びの一体的な充実に向けた学校教育の在り方に関する特別部会」等において、直ちに取り組むべき具体的な方策を検討し実施するとともに、専門的検討を踏まえた上で、次期学習指導要領の改訂に反映。 ※「こども政策の新たな推進体制に関する基本方針」（令和3年12月21日閣議決定）による今後の新たなこども政策の展開を踏まえる必要。	文科省
政策1 ⑤ これまでの入試や定期試験等においては、読むことと書くこと中心で、知識の暗記・再生や暗記した解法パターンを適用する能力の評価に偏重。探究的な学びが十分に評価されておらず、教育の質的転換の隘路になっている。	**探究的な学びの成果などを測るための新たな評価手法の開発** レポート、プレゼンテーション、実演などについての「パフォーマンス評価」について、科学的知見も十分に入れながら、探究的な学びの成果の評価手法を開発。また、思考力や表現力の評価を重視したCBTの導入の検討。	産業構造審議会「教育イノベーション小委員会」等において具体的な評価の在り方について検討するとともに、次期SIP※の課題候補「ポストコロナ時代の学び方・働き方を実現するプラットフォームの構築」等の政府の研究開発スキームを活用し、産官学共創で新たな評価手法の開発に向けた取組を検討する。 ※戦略的イノベーション創造プログラム	★内閣府 文科省 経産省
政策1 ⑥ 探究やSTEAM教育など、大学や民間企業等の外部機関からの協力・参画が不可欠となるが、現状として、都市部と地方ではアクセスできるリソースの地域間格差がある状況。	**最先端テクノロジーを駆使した地方における新たな学び方のモデルを創出** 産学官共創し、デジタルをはじめとした最先端テクノロジーを駆使し、地方に住んでいても、都市部と変わらない教育の機会が提供され、多様な学び方を実現するための基盤技術や共通システム・ルールなどを開発。	次期SIP※課題候補「ポストコロナ時代の学び方・働き方を実現するプラットフォームの構築」等の政府の研究開発スキームを活用し、産官学共創で、必要な取組を検討する。 ※戦略的イノベーション創造プログラム	★内閣府 デジタル庁 文科省 経産省

課題、必要な施策・方向性、実施体制③

課題・ボトルネック	必要な施策・方向性	具体の検討・実施体制	担当省庁
政策1 ⑦ 急速に進む子供たちを取り巻くデジタル社会において、「フィルターバブル」現象をはじめ、その他デジタル社会の負の側面を最小限にするための知識・理解が必要だが、「させない、触れさせない指導の情報モラル教育」に留まっているとの指摘もなされ、コンテンツや教育手法も不足している。	**デジタル・シティズンシップ教育推進のためのカリキュラム等の開発** 自分たちの意思で自律的にデジタル社会と関わっていくためのデジタル・シティズンシップ教育を充実させるため、カリキュラムの基準の提示や教職員研修の在り方など、教育委員会や学校への支援を実施。また、次期学習指導要領の改訂の検討においても、デジタル・シティズンシップ教育を各教科等で推進することを重視。	情報を主体的に捉え、何が重要かを主体的に考え、見いだした情報を活用する力である情報活用能力の育成について、好事例の発信など、教育委員会・学校における取組を支援する。 次期学習指導要領の改訂に合わせて、情報活用能力のさらなる育成を図るための検討を行う。	★文科省 経産省
政策1 ⑧ 教育データの効果的な利活用を推進する環境整備が必要。その際、個人の教育データの蓄積や活用に対する保護者や学習者等からの不安の払拭とともに、丁寧な対話や説明が必要。また、データの管理主体や責任の明確化が必要。 **※政府が学習履歴を含めた個人の教育データを一元的に管理することは全く考えていない。また、利活用は、個人情報保護のルールに則って行われる。（右記Q＆A参照）**	**「教育データ利活用ロードマップ」に基づく施策の推進** データの標準化や教育分野のプラットフォーム関連施策の推進、学校・自治体等のデータ利活用環境の整備、教育データ利活用のルール・ポリシー等を盛り込んだ「教育データ利活用ロードマップ（令和4（2022）年1月7日）」（※）に基づく施策を推進する。その際、国民の声や現場の実態を踏まえながら、丁寧な説明を尽くしていく。 ※https://cio.go.jp/sites/default/files/uploads/documents/digital/20220107_news_education_01.pdf	関係省庁間において、定期的に施策の進捗の確認を行うとともに、国が個人の教育データを一元的に管理するのではなく、個人情報保護のルールに則った上でのデータ連携によって、学習者が最適な教育を受けることができる環境整備を行っていくということを、様々な場を捉えて丁寧に説明していく。 （参考）教育データ利活用ロードマップに関するQ＆A https://cio.go.jp/sites/default/files/uploads/documents/digital/20220107_news_education_03.pdf	★デジタル庁 文科省 総務省 経産省
政策1 ⑨ 学校環境整備や教材等のための経費については、紙ベースの一斉授業を前提に、国や地方、家庭から教育費が支出されているが、デジタル化を踏まえ、真に必要となる学校環境整備や教材整備について見直しが必要。	**教育支出の在り方の検討** 一人一台GIGA端末の整備等を踏まえ、GIGAスクール構想に基づくICT環境の整備と活用などを推進し、新しい時代の学校に相応しい教材や教具の見直しを行い、それに伴う国・地方・家庭の教育支出の在り方を検討。公立学校における教材整備の指針となる「教材整備指針」の見直しなども含め、国・地方・家庭負担の在り方に関する具体像を示す。	中央教育審議会「個別最適な学びと協働的な学びの一体的な充実に向けた学校教育の在り方に関する特別部会」や、産業構造審議会「教育イノベーション小委員会」における検討を踏まえ、「教材整備指針」の見直しなども含め、国・地方・家庭の教育支出の在り方を検討し必要な予算を確保するなど、負担の在り方に関する具体像について地方関係団体と連携しながら作成。	★文科省 経産省

課題、必要な施策・方向性、実施体制④

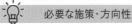
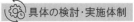

課題・ボトルネック	必要な施策・方向性	具体の検討・実施体制	担当省庁
政策1 ⑩ 学校環境が画一的・均質的であり、子供たちや学びの多様化等に必ずしも対応できていない状況。	**子供や学びの多様化に柔軟に対応できる学校環境への転換** 学校環境について、ICTの整備と合わせ、学校全体を学びの場として、多様な学習内容・方法や教科等横断の学び等に柔軟に対応できる空間に転換。また、教室以外にも、多様な教育的ニーズのある子供たちが安心して学び・生活できる学校環境を整備。	「学校施設の在り方に関する調査研究協力者会議　新しい時代の学校施設検討部会」における検討を踏まえ、学校施設整備指針の改訂や、実践・ノウハウを広げるプラットフォームの整備等を行う。	文科省

ロードマップ①

3．実現に向けたロードマップ　【政策1】子供の特性を重視した学びの「時間」と「空間」の多様化＜施策・方向性＞　　● ● ● 30

施策	2022(R4)	2023(R5)	2024(R6)	2025(R7)	2026(R8)	2027(R9)
政策1 ① 教育課程の在り方の見直し	個別最適な学びと協働的な学びの一体的な充実に向けた学校教育の在り方に関する特別部会等において基本的な方向性を検討			基本的な方向性に基づき次期学習指導要領の改訂に向けた議論・作業		改訂(見込み)
政策1 ② 教員免許制度・教員養成改革	特別部会において検討、結論を得て速やかに制度改正等の措置を実施					
政策1 ③ 学校の役割、教職員配置や勤務の在り方の見直し	勤務実態調査　結果公表 / 少人数学級に関する効果検証(適宜、中間まとめを実施) / 個別最適な学びと協働的な学びの一体的な充実に向けた学校教育の在り方に関する特別部会等における望ましい指導体制に関する検討				必要な指導体制の整備	
政策1 ④ 子供の状況に応じた多様な学びの場の確保	個別最適な学びと協働的な学びの一体的な充実に向けた学校教育の在り方に関する特別部会等において検討			検討結果を踏まえた措置		
政策1 ⑤ 探究的な学びの成果などを測るための新たな評価手法の開発 / 政策1 ⑥ 最先端テクノロジーを駆使した地方における新たな学び方のモデルを創出	PD※1候補の公募・決定　FS※2実施	(課題選定された場合)次期SIP開始 ※1 プログラムディレクター　※2 フィージビリティスタディ				

ロードマップ②

3．実現に向けたロードマップ　【政策1】子供の特性を重視した学びの「時間」と「空間」の多様化＜施策・方向性＞　　● ● ● 31

施策	2022(R4)	2023(R5)	2024(R6)	2025(R7)	2026(R8)	2027(R9)
政策1 ⑦ デジタル・シティズンシップ教育推進のためのカリキュラム等の開発	情報活用能力育成に関する好事例の発信等	技術革新等に対応した情報活用能力育成に関する事例の発信等を通して、学校・教育委員会への支援を実施 / 次期学習指導要領の改訂に合わせて、情報活用能力のさらなる育成を図るための検討				
政策1 ⑧ 「教育データ利活用ロードマップ」に基づく施策の推進	調査や手続の原則オンライン化・事務等の原則デジタル化	端末の日常的な利活用・一定粒度でのデータ標準化			真に「個別最適な学び」と「協働的な学び」を実現するための環境整備	
政策1 ⑨ 教育支出の在り方の検討	1人1台端末や教材などの在り方を検討	端末の利活用等の実態や現場の声、検討結果も踏まえ、必要な措置の実施				
政策1 ⑩ 子供や学びの多様化に柔軟に対応できる学校環境への転換	学校施設整備の方向性の提示 / 学校施設整備指針の改訂 / 調査研究・整理分析等の実施 / 学校施設整備への財政支援(支援制度の見直し・充実を含む。) / 学校施設整備活用プラットフォームの構築・運用 / 先導的な学校施設モデルの収集等			フォローアップ		

〔出典〕内閣府　https://www.8.cao.go.jp/cstp/tyousakai/kyouikujinzai/index.html

教育実践ライブラリ Vol.4

一人一人に届くきめ細やかな教育相談
── 「メソッド」から「レシピ」への転換

令和4年12月1日　第1刷発行

編集・発行　株式会社 **ぎょうせい**

〒136-8575　東京都江東区新木場1-18-11
URL：https://gyosei.jp

フリーコール　0120-953-431

ぎょうせい　お問い合わせ　検索　https://gyosei.jp/inquiry/

〈検印省略〉

印刷　ぎょうせいデジタル株式会社　　　　　Ⓒ2022　Printed in Japan
※乱丁・落丁本はお取り替えいたします。
ISBN978-4-324-11132-1
(3100555-01-004)
〔略号：教実ライブラリ4〕

灰ヶ峰（広島県）

広島市の南東に位置し、瀬戸内海に面する呉市。造船や鉄鋼など工業の街として発展し、呉港に広がる工場群は同市の象徴でもある。街の背後にそびえる標高737mの灰ヶ峰も街のシンボルとして市民から親しまれている。山頂まで車道が続いており、深夜でも車の往来がある。皆の目的は山頂から眺めるダイナミックな夜景だ。

写真・文／**中村 勇太**（夜景写真家）

なかむら・ゆうた／日本と台湾を取材する夜景写真家。日本夜景オフィス株式会社の代表取締役。カメラ雑誌などで夜景撮影テクニックの記事執筆、テレビやラジオの番組に出演し夜景の解説、ツアーにて夜景のガイド、夜景撮影教室にて夜景撮影のレクチャーなどの活動を行っている。自身が企画・運営している夜景情報サイトでは、「夜景で繋がる。旅が輝く。」をテーマに、日本全国、台湾の夜景スポット情報、夜景に関するニュースなどを配信している。

灰ヶ峰（広島県）

市街から山頂に向けて約30分車を走らせると突如目の前にまばゆい明かりが飛び込んでくる。呉市街の夜景だ。工業都市の呉の夜景は活力に満ちている。灰ヶ峰から眺める夜景にはある噂がある。それは夜景の中に「くれ」という文字が隠されているというものだ。想像を膨らませながら夜景を鑑賞する時間はあっという間だ。文字を見つけたとき、気がつくと東の空が明るく染まり始めていた。いつもとは違う特別な一日の始まりの予感がした。

プロフィール
- 誕生日： ５月８日（こうやん！）
- 好きなたべもの： くだもの
- 特技： ダンス
- 好きなもの： 友だち

「初代こうやん」、校長とハイ、チーズ！

こうやん

大阪府立光陽支援学校

　光陽支援学校の創立50周年を記念して誕生したのが「こうやん」です。平成24年度に50周年を迎えるに先駆けて、平成24年2月〜3月に児童生徒による応募作品から児童生徒・教職員の投票により選出されました。デザインした生徒は発表会の際に「光陽のみんなが光っている太陽のように明るいイメージから考えました」とコメントしています。カラーは太陽のようなオレンジと黄色を基調としています。

　発表後、美術科の教員を中心に着ぐるみを制作し、「初代こうやん」が誕生しました。今年度60周年を記念して、新たな着ぐるみを注文制作し、「2代目こうやん」として生まれ変わります（「くまモン」・大阪副知事「もずやん」等と同じ会社に制作していただきました）。

　「こうやん」は様々な学校行事に登場します。コロナ禍で休校になった時期には「こうやん」が手洗いのお手本を見せる動画配信も行いました。学校の「応援旗」（のぼり）や「光陽GoGo通信」「ボッチャ通信」、学校封筒の差出人欄などにも登場し大活躍です。子供たちも「こうやん」が大好きで、行事などで登場すると近くにいって、握手したりハグしたりしています。由来通り「こうやん」は、明るく楽しい学校をサポートしてくれています。　　　　　　　　　（校長　藤野洋子）

創立60周年を記念して「2代目こうやん」が誕生！

「応援旗」にもこうやん。玄関で皆を見守ります

「こうやん」は生徒のアイディアから生まれました